プラトンが語る正義と国家

不朽の名著『ポリテイア(国家)』読解

納富信留
Noburu Notomi

 テンミニッツTV講義録 ②

ビジネス社

はじめに

　皆さんは、プラトンという哲学者を知っていますか？　名前は聞いたことがあるが、何をした人かは知らない。あるいは、高校の倫理で「イデア論」という用語を習ったけど……。あるいは、『ソクラテスの弁明』という本は読んだことがあるが、ほとんど憶えていない……。

　いろいろな方がいらっしゃるとは思いますが、この講義でお話しするのは、その哲学者が書いた『ポリテイア』、通常『国家』という題で訳されている本のことです。

　2400年前に書かれた本ですが、まるで現代のことを書いているように感じられる議論や、目の前で対話が進んでいるような臨場感があります。これは、時代を超えて、場所や文化を超えて読み継がれ大きなインパクトを与えてきた、西洋哲学史上、最も重要な作品ともいわれる本なのです。

　では、そこに何が書いてあるのか？　読むと、どんな得なことがあるのか？

　少しお待ちください。そのお尋ねには簡単には答えることができません。というのは、この本にはさまざまなテーマと問題が詰まっていて、複雑に絡みあっているからです。

　公式の主題は「正義とは何か？」ですが、それをめぐって人間・魂、社会・国家、政治、教育、文化・芸術、心理、認識、存在、論理といったあらゆるテーマが登場します。しかも、それぞれの議論がとても興味深く、かつ今日まで大きな影響を与えるものになっています。

この講義では、そういった複雑な流れをできるだけわかりやすくお話しするように心がけます。皆さんは、ぜひ現代の問題として、自分自身の生き方との関係で、いろいろと考えていただければと思います。

　私は大学でこの著作の原典を、古典ギリシア語で学生たちと講読していますが、以前にものすごいスピードで読んだときには最初から最後まで5年半かかりました。いまは、もう一度じっくり読んでいるので、これから何年かかるか見当もつきません。それでも、そうして一文一語を嚙みしめて、皆で一緒に読む価値のある本です。

　皆さんにも、代表的な日本語訳、藤沢令夫訳の岩波文庫版（上・下）で、ぜひ挑戦していただきたいです。本講義では16回に分けて、読み解きのツボを解説しますので、まずは「どうせ難しいだろう」と身構えずに、古代ギリシアの世界にふらりと遊びに行くような感覚で、気軽に楽しんでいただければ幸いです。

　本書は、インターネットで視聴できる1話10分の動画による教養講座「テンミニッツTV」で講義した内容に基づく「講義録」です。なるべくコンパクトな講義にと心がけましたが、結果的には全16話になってしまいました。これでも、まだとても全体をカバーできませんが、それでもこの本の魅力をなにがしかは伝えられたかと思います。

　とはいえ、本書はそのような「講義」を、なるべくそのままの形でまとめた本ですので、説明が十分には尽くせていない部分もあろうかと思います。また、語り口調のため、やや正確さを欠いている部分があることもお許しください。

　本書と合わせて、テンミニッツTVのプラトン講義の動画をご覧いただくのも、おもしろいかもしれません。

最後に、その動画を収録した日のことを書かせてください。16回分の講義は、2度に分けて、東京大学文学部の哲学研究室で行ないました。最初の講義日は、2022年7月8日。午後の収録を前に大学の同僚から、安倍晋三元首相が銃撃されたというニュースの一報を聞きました。犯人もその後の元首相の容態もわからない落ち着かない雰囲気で、おそらく日本全体が動揺しているなか、私は正義をめぐる国家論と魂論をお話しました。

　後半の講義は、それからしばらく後、9月27日に設定されました。奇しくも、その日の午後、安倍元首相の国葬が執り行われている最中に、「理想国」が堕落していく政治のダイナミズムや、死後の物語などをお話ししました。

　どちらもまったく意図しないタイミングでしたが、自分が生きている時代に、まさに起こっている出来事を意識しながら、静かな研究室で哲学を論じていることに、ある種の不思議さと、象徴的な意味を感じました。ホワイトボードを背景に、カメラに向かって話している私の映像は、さながら洞窟の奥に映る影のように見えることでしょう。

　私たちが生きて向きあっている現実、社会、人生とは何か。それをどこまでも冷静に見つめ、根源から考えるのが、プラトンが示した哲学者の生き方でした。私も21世紀の現在、正しさとは何か、善き生き方、幸福、そして理想の社会とは何かを、あらためて真剣に議論していきたいと思います。

　プラトン『ポリテイア』は、私たちをそういった問題にストレートに導いてくれる哲学書である。そう信じています。では、プラトン『ポリテイア』の世界へ、どうぞ。

2024年1月
納富信留

テンミニッツTV講義録②

プラトンが語る正義と国家

はじめに ……………………………………………………………… 3

教養動画メディア「テンミニッツＴＶ」とは ………………………… 6

第1講 「すべてのこと」を扱った 史上最大の問題作

欧米で「ベスト1」に推される哲学書 …………………………… 14

「すべてのこと」を扱っている本 ………………………………… 16

20世紀の毀誉褒貶と「プラトンの呪縛」論争 ………………… 17

ギリシア語の「ポリテイア」の意味は「国家」ではない ………… 19

「通読・精読・再読」によって私たち自身が変わる …………… 21

第2講 プラトンが「対話篇」に仕組んだ 興味深い仕掛け

プラトンが「対話篇」に込めた興味深い仕掛け ……………… 26

「対話篇」の読み解き方と「3つの時」 ………………………… 27

冒頭部を読むと気がつく仕掛けの数々 ……………………… 28

重要な登場人物と港町ペイライエウス ……………………… 31

第3講 『ポリテイア』の時代背景と 設定を探る

対話の時期のカギを握る「祭り」 ……………………………… 36

この「祭り」は何年に行なわれたのか？ ……………… 37

ペロポネソス戦争のなかで…物語の深い背景 ……… 38

「紀元前412年春」という設定の意図 ……………… 41

第4講 「正義とは何か」第1巻の重要性と全巻の構図

「正義とは何か」という最も重要な問題提起 ……… 48

財産論から「正義とは何か」の追究へ ……………… 49

「やられたらやり返す」は正義か ……………………… 51

強力な独裁者である僭主は「幸福な人」か ………… 53

『ポリテイア』全体の構図とリング・コンポジション ………… 55

第5講 ギュゲスの指輪…人は本当に正義でいられるか

グラウコンとアデイマントスによる挑戦 …………… 58

「善いもの」の3分類と正義 …………………………… 59

「正義の起源としての社会契約」という強力な議論 ……… 60

社会契約説の背景に潜む「ノモス」と「フュシス」の問題 ……… 62

「ギュゲスの指輪」という思考実験 …………………… 63

最も正しい生き方と、最も不正な生き方の比較 …… 65

正義を行なうのは「オマケがつく」から？ ………… 66

残りのすべての巻で証明される驚きの結末 ……… 67

第6講 なぜ戦争が始まるのか――ポリスをめぐる壮大な思考実験

大きな文字と小さな文字――類比による議論 …… 70

「言論によるポリス建設」と「植民」 ………………… 71

なぜ私たちは共同体で生きているのか ……………………………………… 73

ミニマムな共同体から、ぜいたくな社会へ ……………………………… 74

国が大きくなっていくと、戦争が始まる …………………………………… 75

軍人という職業が、なぜ必要になるのか …………………………………… 76

第7講 日本の小学校で「音楽、体育」を
学ぶのもプラトンの影響？

ポリスの守護者を育てるための2つの教育論 …………………………… 80

プラトンの2段階の教育論は、現代につながっている ……………… 81

初等教育の柱は「学芸」と「体育」…………………………………………… 82

「神々の語り方」に関する2つの規則とは ……………………………… 84

悪しき学芸は心身のリズムを乱す ………………………………………… 86

第8講 哲学者になるために
「数学」「天文学」「音楽理論」が必須？

健全な魂を育む初等教育から、高等教育へ …………………………… 90

指導者たる哲学者になるための5つの学問とは ……………………… 91

数と図形を知ることから、抽象的な思考へ …………………………… 92

「天文学」「音楽理論」と数学の深い関係 ……………………………… 94

数学的諸学科を経て、哲学をスタートする意味 ……………………… 95

知性の訓練を行なわないと危険ですらある …………………………… 97

第9講 理性・気概・欲望…ポリスとの
類比でわかる「魂の三部分説」

正義と不正を説明するための「魂の三部分説」…………………………… 100

ポリスと魂を見比べていく間に正義が輝き出す ……………………… 101

理性・気概・欲望──魂のなかにある3つの部分 …………………… 102

魂の三部分は4つの徳をどう実現しているか ……………………… 104

プラトンの考える正義は、現代の水準より深い？ …………………… 105

第10講 男女同業？ 妻子共有？ 私有財産廃止？…
プラトンの真意とは

プラトン「対話篇」における「脱線」の位置づけ …………………… 108

理想的な国家と「コイノーニアー」の問題 …………………………… 109

第1の大波「男女同業」による共生がなぜ必要か …………………… 110

「自然本性」が違っても仕事には関係ない ……………………………… 111

第2の大波「妻子共有」と「私有財産廃止」 ………………………… 113

プラトンが家族制を否定した2つの理由 ……………………………… 114

第11講 船乗りの比喩…
「哲人政治」は理想か全体主義か

第3の大波としての「哲人政治」 …………………………………… 118

哲学と政治を両立させる「哲人政治」という理想 …………………… 119

「イデア＝真理」を観ることを求め続ける哲学者 …………………… 120

哲学者を適切に利用しない社会と「船乗りの比喩」………………… 121

「哲人政治」実現の長い過程と「全体主義」批判 …………………… 124

第12講 太陽の比喩、線分の比喩、洞窟の比喩…
「善のイデア」とは

すべての根源にある「善のイデア」を求めて ……………………… 128

善のイデアに向かうための3つの比喩 ……………………………… 129

洞窟に戻ってくる人に漂うソクラテスの面影 ……………………… 132

洞窟の外を見てきた人による「哲人政治」………………………… 134

第13講 哲人政治から寡頭制、民主制への堕落…
金銭欲と分断の末路

なぜ「不正」について議論するのか ································· 138
「理想的なポリス」から5段階の堕落が起こる ··············· 139
「金銭の欲望」がシステムを壊す分断を助長する ··········· 141
強烈に戯画化された民主的人間と民主制社会 ············· 143

第14講 僭主制は欲望の奴隷…過度の自由が
過度の隷属に転換する

民主制から僭主制へ──過度の自由は隷属に転換する ············ 148
民主制の指導者と僭主の間に横たわる大きな一線 ············ 149
「欲望の奴隷」になってしまう僭主の末路 ····················· 152
「ギュゲスの指輪」で僭主になりたいですか ·················· 154

第15講 詩人追放論と劇場型政治の批判…
「イデア論」の本質と模倣

現代まで評判がよくないプラトンの「詩人追放論」 ············ 158
存在論的議論──「寝椅子のイデア」とホメロス作品 ············ 159
心理学的議論──悲劇を観て泣くのは悪？ ·················· 162
「感情の解放」がもたらすのは堕落かカタルシスか ··········· 163

第16講 エルの物語…臨死体験から考える
「どういう人生を選ぶか」

魂の見地で考える「正義や徳への報酬」とは ················· 166
全巻の最後に語られる「エルのミュートス（物語）」 ·········· 167

死後の魂の千年の旅と、次の人生の選択 …………………… 168
「どういう人生を選ぶのか」は、自分にかかっている ………… 172
読めば読むほどに考えさせる歴史上最大の哲学書 ………… 173

【テンミニッツTV／納富信留先生の講師ページ】

https://10mtv.jp/pc/content/lecturer_detail.php?lecturer_id=183

「すべてのこと」を扱った
史上最大の問題作

　日本では戦後、『国家』というタイトルで親しまれ
てきたプラトンの『ポリテイア』。実はこの書物は、
現在もアメリカトップ10の大学生の必読書として、最
も読まれている本だといいます。日本では『国家』と
いう邦題のせいもあって、国家論や政治論の書だと思
われがちですが、実はプラトンが「正義のあり方」や、
「魂の構造や宇宙の構造も含めた社会のあり方」を解
き明かすために、全力を傾けた代表作なのです。

　この書に書かれた有名な「イデア論」や哲人政治論
などの議論は、現在の社会を考えるうえでも、多くの
刺激に満ちています。その一方で、「全体主義の起源」
などとして批判的に論じられることのある「史上最大
の問題作」でもあります。

　しかし、この本を何度も読めば、「自分自身が変わ
り」「よりよい生き方を送っていく」こともできるの
です。

欧米で「ベスト1」に推される哲学書

これから、「プラトン『ポリテイア』を読む」の講義を始めます。第1講は「史上最大の問題作」というタイトルでお話しいたします。

プラトンの対話篇『ポリテイア（Politeia)』は、日本では通常『国家』というタイトルで通用しています。

この本についてお話しするにあたり、最初に「この本がどれぐらい重要で、どれぐらい注目されているか」ということについてお話しししましょう。

2001年にイギリスの新聞『ガーディアン』が、イギリスを中心とするヨーロッパの哲学専門家を中心に、大々的な調査を行ないました。「これまで書かれた哲学書のなかで、どれが一番重要か」という、ある種の人気投票です。

その結果、1位になったのが、プラトンの『ポリテイア（国家)』（英語では"The Republic"と呼ばれます）だったのです。

ちなみに2位は、カントの『純粋理性批判』（"The Critique of Pure Reason"）でした。3位は、ダーウィンの『種の起源』（"The Origin of Species"）。その他、アリストテレス、デカルト、ウィトゲンシュタイン、ヒューム、ニーチェといった人たちが入っています。

そのなかで、堂々1位を取ったプラトンの『ポリテイア』。なぜそれほど「重要な哲学書」だと思われたのでしょうか。本書で、そのことについて考えていきたいと思います。

また、全米トップ10の大学で、学生対象のようですが「一番読んでいる本は何か」という調査が行なわれたそうです。この首位も、やはりプラトンの『ポリテイア』でした。ハーバード大学やMIT

■ ベスト１の哲学書

＊"Best philosophical work ever" The Guardian 2001

 1 Plato, The Republic
 2 Immanuel Kant, The Critique of Pure Reason
 3 Charles Darwin, The Origin of Species
 4 Aristotle, The Nicomachean Ethics
 5 Rene Descartes, Meditations on First Philosophy
 6 Ludwig Wittgenstein, Philosophical Investigations
 7 Aristotle, Metaphysics
 8 David Hume, An Enquiry Concerning Human Understanding
 9 Friedrich Nietzsche, Beyond Good and Evil
10 Thomas Aquinas, Summa Theologica

■ 全米トップ10大学で読まれている本　第１位

 1 プラトン『ポリテイア』
 2 ホッブズ『リヴァイアサン』
 3 マキアヴェリ『君主論』
 4 ハンチントン『文明の衝突』
 5 ウィリアム・ストランク・ジュニア『The Elements of Style（文章作法）』
 6 アリストテレス『倫理学』
 7 トーマス・クーン『科学革命の構造』
 8 トクヴィル『アメリカの民主主義』
 9 カール・マルクス『共産党宣言』
10 アリストテレス『政治学』

（マサチューセッツ工科大学）、スタンフォード大学など、アメリカの名だたる大学の学生たちの間で、おそらく文理を問わず一番読まれている、読まなくてはいけないと思われているのが、この本だということです。

　このランキングには、哲学に限らず、さまざまな分野の本が入っていますが、2位はホッブズ『リヴァイアサン』、3位がマキアヴェリ『君主論』、4位がハンチントン『文明の衝突』になっています。

「すべてのこと」を扱っている本

　著者のプラトンは、皆さんご存じの古代ギリシアの哲学者です。アテナイ出身で、紀元前5世紀から4世紀にかけて活躍しました（紀元前427年〜紀元前347年）。

　彼が生涯に残した作品は30数作あり、全部残っていますが、真偽論争があるため正確な数までは申しあげられません。

　ほぼ30ある作品のなかで、『ポリテイア』はおそらく最高傑作であり、そして最も大きな影響を与えてきた本だろうと、これまで多くの人々が論じてきました。

　規模という点では、日本語の本は、岩波文庫2冊本で、上巻と下巻を合わせて1000ページぐらいの規模であり、かなり重厚な本です。

　プラトンの著作のなかでは、晩年に『法律』という本がもう少し長い作品として書かれていますが、『ポリテイア』は2番めのサイズになっています。

　ということで、規模という点では2番めですが、内容、そして注目度という点では断トツです。

　その理由として、この作品がプラトンのおそらく最も脂の乗り切った「中期」と呼ばれる時期に書かれた、非常に密度の高い作品であるということ。とりわけ、「イデア論」というプラトンの中心思想が最もまとまった形で書かれていることが挙げられます。

　「何を扱った本か」をひと言で述べるな

プラトン
(Platōn、紀元前427年〜紀元前347年)

ら、何というべきでしょう?

　私は、「すべてのことを扱った本」といっていいと思います。

　総合的な哲学書として、「われわれが考えうる、さまざまなテーマが、すべて盛り込まれている」といってもいいぐらいで、1つのテーマに絞った本ではありません。

「イデア論」ということでだいたい連想がつくように、「形而上学」や「存在論」という哲学の一番難しい部分は当然入っています。「認識論」や「論理学」も、主要な部分を成しています。「倫理学」「倫理思想」としても一番の古典の1つです。

　それから、「政治学」や「政治理論」「社会学」「人間学」、あるいは「教育学」、さらに「心理学」と今日呼んでいるようなものの最初の本格的な論考でもあります。「学問論」「文芸論」、そして「美学」と、あらゆるトピックが盛り込まれた本です。

　あえていえば、「自然学」や「宇宙論」がやや欠けている感じはあります（少しは入っていますが）。しかし、この『ポリテイア』の続編という形式で書かれた『ティマイオス』という後期の作品のなかでそれらを扱っているので、そのことも考えあわせると、ほぼ、すべてを扱っているということになるかと思います。

▋20世紀の毀誉褒貶と「プラトンの呪縛」論争

　実はこの本は、非常に毀誉褒貶（きよほうへん）の激しい本です。

　本講の冒頭で、「史上最大の問題作」と述べました。

『ガーディアン』紙で、この本が「これまでに書かれた最も重要な哲学書」の1位に選ばれたわけですが、「これが素晴らしいことだ」とか、「この本が正しい」という意味での1位ではないと思います。このアンケートに答えた哲学者の皆さんが、この本を「非常に問題作だ」という形で注目しているということなのです。

19世紀には、プラトンの『ポリテイア』は、いわゆるジェントルマン教育の本として広く読まれてきました。しかし、20世紀の前半、ある政治状況のなかで、さらに注目され、大きく取り上げられることになります。

　1930年代以降、ドイツではナチズム、日本では軍国主義というように、「全体主義」と後に呼ばれる状況になっていきました。そのなかで、プラトンが全体主義の思想潮流に用いられ、利用されてしまった歴史があります。

　日本でも、一部の学者が、天皇制を中心にした軍国主義に対して、プラトンを典拠にして論じたことを私は確認しています。

　そうした状況に対して、20世紀半ばにカール・ポパーというオーストリア出身の科学哲学者が、「プラトンの『ポリテイア』は非常に危険な本である」、もっといえば「犯罪の根源である」という批判を行なったのです。

　それは、カール・ポパーがユダヤ系だったことによります。彼の一家はキリスト教でしたが、ユダヤ系ということでナチスに追われ、地球の裏側のニュージーランドまで亡命せざるをえませんでした。

　1945年、ナチスがまさに崩壊するというそのときに、ポパーの『開かれた社会とその敵』という2部構成の本が発表されます。その第1部が「プラトンの呪縛」（"The Spell of Plato"）で、プラトンが標的になっています。ちなみに第2部ではヘーゲルとマルクスが標的になっています。

　つまり、ポパーの本では、プラトンとマルクスが20世紀前半の全体主義、すなわちドイツのナチズムとソ連のスターリニズムの根源だったという批判がなされたわけです。

　ポパー自身が、実際にナチスの迫害を逃れつつ著したものなので、非常にシリアスな問題意識によって書かれています。しかし内

容的には、プラトンについて、かなりアンフェアなことも書かれていて、それが20世紀を通じて大論争を巻き起こしました。

プラトンは本当に全体主義の根源なのか、それとも無実なのかという論争ですが、その中心にあったのが、この『ポリテイア』という本なのです。

ポパーは、たとえば「『イデア』というものを立てて、絶対的な価値を押しつける体制が全体主義なのだ」という批判をします。「『哲人王』のような統治者がチェック機能を受けないと、独裁者になってしまう。ヒトラーやスターリンのようになってしまうのだ」という批判もしています。

あるいは、「ナチズムもスターリニズムも行なったような言論統制や文化統制、さらに粛清といったものは、プラトンの本のなかに出てくるではないか」などといった、さまざまな批判を繰り広げたわけです。

このことについては、東京大学総長も務められた佐々木毅氏が『プラトンの呪縛』（講談社、1998年）で、かなりわかりやすく書いておられますので、興味のある方はお読みください。また、日本でどういうことが起こったかについては、私自身が『プラトン　理想国の現在』（慶應義塾大学出版会、2012年。新版、ちくま学芸文庫、2023年）という本でひと通り議論しました。

ギリシア語の「ポリテイア」の意味は「国家」ではない

さて、これから『ポリテイア』を読んでいきますが、日本では戦後、主に2種類の翻訳で皆さんに親しまれてきたと思います。

1つは、山本光雄氏の訳で、こちらは少し早いのですが、初出は1955年。河出書房あるいは角川書店の全集で出ています。やや手に入りにくいと思いますが、きちんとした訳です。

もう1つは、より普及しているもので、京都大学の藤沢令夫氏が訳したもの。現在では岩波文庫の2冊本で誰でも読むことができますが、元になった岩波書店の全集訳が出たのは1976年です。

　これらは、どちらも『国家』というタイトルで訳されていて、戦後そのように称していますが、戦前は主に『理想国』というタイトルで訳されていました。

　先ほど紹介したように、英語では『The Republic』というタイトルです。

「Republic」は、現在では普通は「共和国」という意味ですが、プラトンの『ポリテイア』は全然意味が違います。

　実は、ラテン語では「レス・プブリカ（res publica）」という言葉が、ギリシア語の「ポリテイア」という単語の訳語だったのです。それが、そのまま英語になっていきました。

　そのようにいろいろ翻訳されているのですが、私自身は学術的な理由から、「国家」という訳語は使っておらず、カタカナで「ポリテイア」といっています。なぜかというと、「ポリテイア」というギリシア語は「国家」という意味ではないからです。

「ポリス」という単語は、あえていえば「国家」ですが、「ポリテイア」というのは「国のあり方」という意味になります。

「国家」というと、当然、政治の理論や、場合によっては戦前のドイツの「シュターツ・レーレ（Staatslehre＝国家学）」のようなことを論じるものというイメージになるでしょう。しかし、プラトンがこの本で議論している「ポリテイア」は、実は「魂の構造や宇宙の構造も含めた、あり方の問題」なのです。

　そんな大きな「あり方」について論じているのに、この書名を『国家』と訳すと、「これは基本的な国家論や政治学が書かれた本だろう」という少し違った読み方に陥りがちになってしまうのではないか。私は、そこを少し懸念しているのです。

そういうことで、私はこの講義でも『ポリテイア』というタイトルを使います。しかしもちろん、皆さんが翻訳書をお読みになるときは、『国家』とされている書籍を手に取っていただいてけっこうです。

「通読・精読・再読」によって私たち自身が変わる

プラトンの対話篇をこれから一緒に読んでいくにあたって、最初に話しておきたいことがあります。

それは、プラトンの対話篇は「学術論文」ではないということです。つまり、これを読めば何か勉強できて、知識を得て賢くなるというような本ではありません。

「対話篇」という形式については、次回お話ししますが、これは「読む私たちの魂を変えてしまう、変容させる」という意図を持って書かれた本です。だから、「危険な本だ」といってもいいと思います。

どういうことか。

たとえば『饗宴』という本があります。あのなかで読者は、愛（エロース）をめぐる楽しい会話を読むわけです。しかし実は、『饗宴』を読むことを通じて、私たちも一緒に美を追究し、愛を語るという哲学の実践を行なっていくことになる。そのプロセスに参加することになるのです。

さらに、ソクラテスの死の場面を描いた『パイドン』という作品は、読むことによって読み手である私たちの死への恐怖を取り除き、魂自体を浄めるという、やや宗教的な意味すら持つ本です。

つまり、プラトンの理論を分析し、彼がどのような哲学を成したかということを議論するような対象の本とは、かなり違うということです。

通読＝まず必ず通読する

精読＝時間をかけてゆっくり読む

再読＝何度もくりかえし読む

　では、『ポリテイア』という本はどうか。

　私はこの本も同様だと思っています。すなわち、この本は「想像力というものを通じて、私たち自身が変わる」ための本です。

　つまり、この本を読む前の私と、1回読んだ後の私、さらに何度も読んだ私が、変わっていく。もっといえば、よりよい人生を送っていけるようになる。そうなるための本です。

　したがって、この講義では、私が『ポリテイア』を解説していきますが、「この解説で、よくわかった」ということで終わりにしてほしくありません。私は、3つのことをお薦めします。

　まず必ず「通読」すること。

　次に「精読」。ただざっと読むのではなく、時間をかけてゆっくり読むこと。

　そして、何度も「再読」すること。

　これは、1回読んでわかる本ではありません。私ももちろん何度も読んでいますし、ギリシア語でも何度も読んでいますが、何度読んでも、その都度その都度、意味が違うように見えてきます。読みが深まっていくのです。

　これは、私自身が変わっていくということです。

　そういうことですから、けっして私のダイジェスト的な説明でわかった気にならず、むしろそれを手がかりにして、自分でこの本に

チャレンジしていただきたい。それが、私のこの講義の意図です。

　ということで、次回からこの対話篇を一緒に読み解いていきたいと思います。

プラトンが「対話篇」に仕組んだ興味深い仕掛け

『ポリテイア（国家）』は「ソクラテス対話篇」という形式で書かれています。プラトンの師ソクラテスが主人公となり、他の人物と会話を行なっていくなかで、さまざまな問いが立てられます。そして、読者は自ら考えを答えることが求められるのです。

プラトンはとても「設定」にこだわった作家でもありました。では、プラトンはこの『ポリテイア』という作品の設定に、どのようなことを仕組んだのでしょうか。

第2講では、対話篇の「読み方」をあらかじめ頭に入れたうえで、冒頭部分をていねいに読み解いていきます。

プラトンが「対話篇」に込めた興味深い仕掛け

プラトン『ポリテイア』という「対話篇」を読み解いていきましょう。

ただし、逸る気持ちを抑えて、まず第2講では、プラトンの「対話篇」とはどのようなもので、どのように読めばいいのか。さらにプラトンがこの『ポリテイア』にどのような仕掛けをしたのかを見ていきたいと思います。

プラトンの他のほとんどの著作と同様、『ポリテイア』も対話篇の形式で書かれています。「ソクラテス対話篇」と呼ばれるジャンルの1つです。紀元前399年にソクラテスが処刑されてしまった後、それを受けて彼の弟子たちが、ソクラテスを主人公にして書いた対話形式の作品のことです。プラトンの作品はその一部です。

プラトンはそこで、自分の哲学を独特の形で展開していくことになります。

プラトンとその仲間が書いた「ソクラテス対話篇」には、大きく2種の形式があります。1つは、「直接対話篇」。これは、戯曲形式で登場人物がいきなりしゃべる形式です。もう1つは、「間接対話篇」。対話がなされたことを、後日報告する形式です。

この『ポリテイア』という本は間接対話篇です。ソクラテスが前日に交わした対話を、その翌日に報告しているという形式を取ります。そのため、ほとんどすべての行に「…と私はいった」「…と彼はいった」と入ります。

この第2講では、なぜこの「対話篇」

ソクラテス
（紀元前469年頃〜紀元前399年）

26

という形式を採っているのかということを確認していきたいと思います。

これは、ただ単に文学的な手法だとか、あるいは生き生きとした設定だとかということではありません。実は、非常に複雑かつ興味深い仕掛けが込められているのです。

とりわけプラトンは、対話の「設定」にこだわった作家です。文学的な設定もですが、それ以上に哲学的にそこにこだわったのです。

「設定」とは、どういうことか。

対話がなされている時期、どういう人が対話しているのか、あるいはそのトピックはどういうものか、ということを「設定」と呼びます。

ですから、これは学術論文とは違い、何年何月頃に、誰が誰と交わした対話だという形式を採っています。それをどう読み解くかということが、私たち読者にとってはまず必要になるわけです。

「対話篇」の読み解き方と「3つの時」

一般的にプラトンは、歴史的な事実に忠実に作っているというのが私の分析です。すなわち、自分の生きている時代から数十年離れた時代であっても、かなりヴィヴィッドにその時代の状況を復元することができる。

日本のわれわれがなじんでいる形式でいえば、歴史小説のような感じです。たとえるなら、幕末や明治の時代を非常にリアルに体感させてくれるような形式になっているわけです。

そのときには、主に3つ（場合によっては4つ）の「時」を考慮しなくてはいけません。

1つめは「対話設定」で、「そこで交わされている対話が、いつな

されているか」ということです。

2つめの時として、「対話の語り」の時期があります。つまり、「対話について、いつ語っているか」です。先ほど述べた分類のうち、直接対話篇の場合は、この2つは同一なので、特に問題にはなりません。

しかし、この2つの時がずれている場合があります。たとえばプラトンの『饗宴』は、ずいぶん前に語られた対話を後に報告している例です。『ポリテイア』の場合は、前日に交わした対話をその翌日報告するということなので、ほとんどずれていないと思ってかまいません。

3つめは、「対話執筆」の時です。これはプラトンがまさにソクラテスが死んだ後、具体的には紀元前370年代に書いている時ということです。

以上が「3つの時」ということですが、あえてもう1つ、4つめの時を付け加えるとすると、「私たちが読んでいる時」、すなわち21世紀の現在ということになります。それらの時間差を少し意識しつつ、いまから読み解いていきたいと思います。

冒頭部を読むと気がつく仕掛けの数々

冒頭部について、私の翻訳で、この著作の最初の数行を読み上げてみたいと思います。

《昨日、私はアリストンの子グラウコンと一緒にペイライエウスへ下った。女神に祈りを捧げ、同時に祭りを観ようと思って。どんな仕方で祭りを催すのか、今回初めて導入されたものなので。さて、私は街の人々の行列も美しいと思ったが、トラキアの人々が行った行進はそれに劣らず相応しいものに見えた。祈りを捧げ祭りを

観賞して、私たちは街へと立ち去ろうとしていた。ところが、私たちが家路を急ぐ姿を見て取ると、ケファロスの子ポレマルコスは召使に、走って行って彼を待つように命じるようにと命じたのだ》

■古代ギリシア地図

10mTV
テンミニッツTV
Liberal Arts & Sciences

ラリサ
フェライ
アンブラキア
ファルサロス
レフカス
エーゲ海
デルフォイ
カルキス
テーバイ
タナグラ
レウクトラ
シキオン
メガラ
アテナイ
エリス
コリントス
ペイライエウス
マンティネイア
アルゴス・
セベイア
テゲア
ピシアイ
ペロポネソス半島
スパルタ
ピロス
アミクライ
イオニア海
メロス島
0　50　100km
キティラ島

これがこの長い作品の最初の部分です。何か小説の始まりのような感じで、情景を髣髴（ほうふつ）とさせると思います。

　先ほど述べたように、ソクラテスは一人称で、「昨日、私はペイライエウスへ行った。そこで、いまから話すお話が始まるよ」ということを紹介しているわけです。

　この最初の部分は、アテナイの市街からペイライエウスという主要な港、つまり商人や雑多な人々がいる港町へと向かう情景を描いていますが、ここにもいろいろな仕掛けがあることがわかっています。この「ペイライエウス」は、現在ではピレウスと呼ばれ、アテナイの南西12キロメートルほどのところに位置します。

　まず、ギリシア語の開口一番の単語は「katebēn」で、「下に降りていった」という過去形の動詞です。残念ながら藤沢令夫氏の訳では「行った」と書いてあって、「下った」と書かれていないので

アテナイのアクロポリスの再現図（レオ・フォン・クレンツェ、1846年）

すが、これは明らかに「下に降りていく」ことをいう単語です。

アテナイの街は、アクロポリスの丘を中心にした城壁内にあり、少し高台に位置します。港町であるペイライエウスまでの道をトコトコと坂を下りてくるので、「下っていった」ということになります。

なぜ、この「katebēn」という単語が最初にあるのか。本書をずっと読み進めていくと、対話篇の半ばの「洞窟の比喩」で、同じ単語が使われます。洞窟の外に出た哲学者が洞窟のなかへと戻って、下りていくシーンです。

プラトンは、そこを読者に気づかせるように書いています。これは1回めに読むときには当然わかりません。何度も読んでいくと、ソクラテスが洞窟のなかに戻っていくシーンに重ねられているということがわかってきます。

そのような仕掛けが、この本のあちらこちらに施されているわけです。

重要な登場人物と港町ペイライエウス

　また、この対話篇の登場人物も重要です。いま紹介した冒頭部分で、ソクラテスは「アリストンの子グラウコンと一緒に」と語っています。

　グラウコンという人はプラトンの兄です。プラトンには兄が2人いて、グラウコンの上にアデイマントスがいます。

　アデイマントスは後で出てきますが、すでにポレマルコスの家（先ほどの『ポリテイア』冒頭引用部の最後に出てくる人物の家です）にいることになっています。

　ということで、プラトンの実の兄2人が、後にソクラテスの対話相手になるということです。

　プラトンという作者は、この対話があったとされる「その時点」ではまだ子どもだと思いますが、もちろん登場しません。つまり、プラトン対話篇のなかにプラトンは出てこないのですが、その不在のプラトンが時々ちらっと垣間見えるシーンがあります。

　それはソクラテスが、グラウコンやアデイマントスに向かって「アリストンの子（息子）よ」と呼びかけるところです。「アリストンの子（息子）よ」という場合、実はその1人はプラトンです。このように、あえて自分の肉親、親しい兄を主要対話人物に置いたところにも、もしかすると自分のポジションを彼らに投影させるという仕掛けがあるのかもしれません。

　さて、ソクラテスはペイライエウスの街でお祭りを見物した後、帰ろうと思ったところを見つかってしまいます。この相手のポレマルコスという人物は、対話の場のホストになります。

　ポレマルコスは、一家で港町ペイライエウスの屋敷に滞在していました。その父親はケファロスというかなりの老人で、相当の財産

■『ポリテイア』の登場人物

10㎜TV
テンミニッツTV
Liberal Arts & Sciences

◆ソクラテス
◆プラトンの2人の兄：アデイマントスとグラウコン
　⇒「アリストンの子よ」という呼び方は、不在の著者プラトンを暗示
◆ポレマルコスと一家：父ケファロス、弟リュシアス、エウテュデモス
　⇒シチリア出身の在留外国人（メトイコイ）
　⇒ポレマルコスは紀元前404年の「三〇人政権」の犠牲となる
◆カルケドンの人トラシュマコス（ソフィスト、弁論術教師）
◆アテナイ人：カルマンティデス、クレイトフォン、ニケラトス（将軍
　　　　　　ニキアスの息子）

をつくっている大金持ちです。その息子として、後継者のポレマル
コスと2人の弟、リュシアスとエウテュデモスがいます。

　リュシアスという人は、後にギリシアが誇る弁論家になる人で、
現在も弁論作品が多数残り、翻訳もあります（『リュシアス弁論集』
細井敦子他訳、京都大学学術出版会、2001年）。弁論術を盛り上げた
大立者の1人というわけです。この一家がソクラテスを迎え入れる
というのが、この場面なのです。

　ポレマルコス一家は、もともとシチリア出身で、アテナイ市民で
はありません。彼らは在留外国人「メトイコイ」と呼ばれる存在で
す。

　メトイコイの人たちはアテナイに来て自由に商売してかまわない
けれども、たとえば土地を所有してはいけないとか、税金は払うけ
れどもいろいろな権利がないとか、現代の制度下で外国の人たちが
滞在しているのと同様のポジションになります。舞台は港町ですか
ら、貿易などを手掛けている一家が出てくるわけです。

　その一家のところにソクラテスが誘われる。嫌々、強制連行され
るような書き方をしていますが、そのお宅に連れていかれると、そ
こには、もっといろいろな人がいるわけです。

たとえば、カルケドン（現在のイスタンブール市カドゥキョイ地区）から来たトラシュマコスというソフィスト（職業的教育者）がいます。彼も歴史的に非常に有名な弁論家です。おそらくリュシアスの友人だったのだろうと思います。

　あとはアテナイの市民でカルマンティデス、クレイトフォン、ニケラトスという人々がいます。ニケラトスは、有名な将軍ニキアス（後述）の息子にあたります。

　そのように、かなり多くの人がいて、一緒にわいわいと議論するなかで、ソクラテスが対話を交わすという設定になっています。

　これが何を意味するのかということも考えるべきですが、まず注目すべきは、港町ペイライエウスです。

　港町というのは、日本でも横浜や神戸などがそうですが、多様な文化が混ざっていて、自由であると同時に、ある意味では法律を超えるような部分もあり、非常に活気のあるところです。

　いま挙げた人々のリストにも、アテナイ以外の外国人が半分ぐらいいて、いろいろな身分の人が混じっています。そういう場所を、プラトンは対話の舞台に設定しているわけです。

『ポリテイア』の時代背景と
設定を探る

　『ポリテイア（国家）』で展開される対話はいつ頃の設定なのでしょうか。長らく不明のままだったこの点に関して、冒頭部で舞台になっている「祭り」の記述を手がかりに、それを紀元前412年だと、2006年に桜井万里子氏（現・東京大学名誉教授）と私の共同研究で明らかにしました。

　舞台が紀元前412年だとすると、実は、そこにも大きな仕掛けが込められています。

　この前後のアテナイが、どのような状況に置かれていたのか。さらに、『ポリテイア』に登場する人物たちは、実はどのような経緯をたどった人物なのか。一方、プラトンが『ポリテイア』を執筆した時期は、どのような状況だったのか。

　そのようなことを解き明かしつつ、プラトンはなぜ、この時期を対話の「時」に設定したのかなど、彼の思いを手繰り寄せていきます。

対話の時期のカギを握る「祭り」

　プラトン『ポリテイア』という対話篇の設定について、第2講では「登場人物」について見てみましたが、第3講では「対話がいつに設定されているか」について、少し詳しくお話ししたいと思います。

　前章で紹介した冒頭部では、ソクラテスが「ある祭り」に参加したことが舞台になっているとありました。これは歴史上、本当にあった話です。この冒頭部に描かれているような素晴らしい行列が行なわれたと伝えられています。

　この祭りについて、紀元後5世紀の新プラトン主義者プロクロスをはじめ古代の注釈家は、「タルゲリオンの月の19日目」だったと記録しています。これはだいたい初夏にあたりますが、月や日付までわかっているということは、かなり有名な出来事だったということでしょう。

　ただ、「何年に行なわれたのか」ということが、きちんとわかっていませんでした。日付がわかっているのに年がわからないというのは、ちょっと不思議なことです。

　フィクションとはいえ、プラトンがこれだけ重要な対話をさせた場所がいったい何年のことなのかについて、研究者は論争してきました。19世紀の偉大な文献学者だったアウグスト・ベックは、紀元前411年から紀元前410年ぐらいを候補として挙げました。これは、紀元前431年に始まって紀元前404年にアテナイの敗北で終結したペロポネソス戦争の後半部にあたるところです。

　それに対して、20世紀の前半にはA・E・テイラーというイギリスの学者が、紀元前422年から紀元前420年ぐらいではないかという説を出しました。これはちょうど「ニキアスの平和」（後述）とい

われる時期で、ペロポネソス戦争の真ん中あたりで一時休戦が成り立った平和な時代だったということです。

　どちらも強い根拠はありません。テイラーの説は、みんながこれほどのんびりと議論しているのは平和な時期に違いないという程度の推測です。

この「祭り」は何年に行なわれたのか？

　現代では、もはやこの「年」については、ほとんど特定できないだろうと思われていましたが、2006年に、東京大学で歴史学を教えていた桜井万里子先生（現・東京大学名誉教授）と私は共同で論文を執筆し、対話の年代を「紀元前412年春」と確定しました（桜井万里子・納富信留「プラトン『国家』の対話設定年代について」）。

　この説を唱え、あちこちで発表して、一部の方々からそれでいいのではないかと認めていただいています。これは、いろいろな証拠から、いままで出ていない時期について提案したものです。

　桜井先生は、この時期の古代アテナイの宗教儀式などについて非常に詳しく研究されている方で、最初に出てきた祭りについての史料を分析しています。

　前講で掲げた『ポリテイア』の冒頭部分では名前が出てこないのですが、少し後で女神の名前が語られます。これは、ベンディスという女神の祭りなのです。

　この女神はトラキア（現在のバルカン半島南東部）から新しく導入された神様でした。その新しい女神の祭りをしているということなので、これはかなり記憶に残る出

トラキアの女神・ベンディスの像
（ルーヴル美術館蔵）

来事のはずです。

　では、それはいつだったのか。

　文献史料に残っているわけではないのですが、ペイライエウスから出土した石碑のなかに、「アテナイの民会がこの祭りを行なうと決議した」という碑文が出てきています。桜井先生はそれを分析され、「女神ベンディスの祭典を導入する」という決議は、おそらく紀元前413年から紀元前412年に制定されたという結論を下されました。新しい神を導入するというのは非常に重要なことであり、そのためにお金を供出すると決めたわけなので、これは当然、国家として導入するものです。それが紀元前413または紀元前412年ということとは、祭りは翌年に開催されたことになります。

　そうした推測から、この祭りは紀元前412年であろう、と結論づけました。なぜなら、紀元前411年にはアテナイで大事件が起こり、そのような祭りを悠長に開くことはできなかったからです。「四〇〇人寡頭政権のクーデター」と呼ばれる事件です。

　それまでのアテナイの民主制を一時ひっくり返し、少人数のエリートによる政権をつくろうというクーデター未遂事件が起こり、首謀者が捕らえられて処刑されるという事件でした。アテナイが大きく動揺した時期です。

　紀元前411年はそういうことが起こった年ですから、おそらくその年ではなく前の年であろうというのが桜井先生と私の共同研究で示した結果です。

ペロポネソス戦争のなかで…物語の深い背景

　もし仮にそうだとすると、これはどういうことを意味するのかを考えていきたいと思います。

プラトンは、ペロポネソス戦争の後半にあたる紀元前412年の春という時期を選んで、ソクラテスを中心としたさまざまな人が集まる屋敷で交わされた会話を、1つの作品に著しました。この紀元前412年に何が起こったのかを考えるには、少し細かくなりますが、紀元前415年〜紀元前413年、さらにその前の紀元前421年〜紀元前420年あたりを念頭に置く必要があります。

　少し時代背景を説明しましょう。

　アテナイを中心とするデロス同盟と、スパルタを中心とするペロポネソス同盟の戦争（ペロポネソス戦争）が始まったのは紀元前431年のこと。当時のアテナイはペリクレスが率いる全盛期でした。

　しかし、翌年の紀元前430年に、アテナイで疫病が蔓延します。ペリクレスが病没するだけでなく、アテナイ市民の3人に1人が亡くなったといわれるほどの惨状になります。

　とはいえ、強大な力を誇るアテナイは、なお、スパルタに易々とは屈せず、むしろスパルタを追いつめます。

　その折、スパルタから講和を申し入れられますが、アテナイはそれを蹴ります。当時、下層のアテナイ市民が戦争で得られる利得を目当てに、主戦派を支持しており、アテナイの民主制のなかで大きな力を持っていたのです。

　しかし、やがてスパルタが逆襲します。そして、「もうお互い、そろそろこ

ペリクレス
（紀元前495年頃〜紀元前429年）

ニキアス
（紀元前470年頃〜紀元前413年）

んな戦争はやめたほうがいいのではないか」という状況が生じます。

　かくして紀元前421年に、アテナイとスパルタの間で休戦協定が結ばれます。その立役者がニキアスという人物でした。そのため、この休戦は「ニキアスの平和」とも呼ばれます。

　この休戦協定は、30年近くにわたった長いペロポネソス戦争の真ん中あたりの出来事です。

「ニキアスの平和」がしばらく続いた後、アルキビアデスという血気盛んな若者によって、それがぶち壊されてしまいます。アルキビアデスの発案により、紀元前415年に、シチリア遠征が行なわれるのです。それまでせっかく平和だったのに、アテナイはこの機会にシチリア島を分捕って、スパルタに対する形勢を一挙に有利に進めようという大計画を立てたのです。

　イタリア南部のシチリア島は、多くのアテナイ人にとっては見も知らぬ、ほとんど情報のない場所です。そこへ大艦隊を送り、支配下におこうとしたのです。ところが、結果は惨憺（さんたん）たるものでした。

　まず、この遠征を司令官として率いていたアルキビアデスに、「不敬神」の罪（国家転覆罪）の嫌疑でアテナイへの召喚命令が出されます。アテナイには、アルキビアデスの政敵が多かったことも、その一因でした。するとアルキビアデスは、なんとスパルタに亡命し、アテナイの情報をスパルタに流すのです。

　結果として、アテナイが派遣したシチリア遠征軍は壊滅します。休戦協定を結んだ立役者である将軍ニキアスも、嫌々ながら命令に応じて遠征軍を率いていま

アルキビアデス
（紀元前450年頃～紀元前404年）

■ 地中海地図

したが、敵に降伏せざるをえなくなり、処刑されてしまいます。そ
れが紀元前413年のことです。

　これをきっかけとして、アテナイはそれまでのペロポネソス戦争
の優位を失い、10年後の敗戦につながっていくことになります。

　つまり、アテナイが凋落する最大の原因がここにあります。だ
から、プラトンの対話篇はこの出来事を意識しており、アルキビア
デスも（『饗宴』『プロタゴラス』などに）登場します。

　第2講で紹介したように、ニケラトスという人物が『ポリテイア』
の対話の場面にいることになっていますが、彼はこの紀元前413年
に処刑されたニキアスの息子です。ひと言もしゃべりませんが、そ
ういう状況を連想させます。

「紀元前412年春」という設定の意図

　紀元前412年という想定が正しいとすると、この年はアテナイ人
が不安のどん底にいた時期になります。「大敗し、自分たちの軍隊
は全滅してしまった。この先、どうやってスパルタに対抗していけ

ばいいだろう。まだ戦争を続けるべきだろうか」と。

　先ほどお話ししたように、紀元前411年になると、それが元になり、「いまの民主制の体制を、いったんひっくり返そうではないか」「エリートたちでもう1回政権を運営しようではないか」という「四〇〇人政権」のクーデター未遂事件が起こります。先述のように、下層市民には主戦派が多く、民主制の下ではその勢力が和議を結ぶにも大きな抵抗勢力となっていたからです。

　しかし、この企ては民主派によって巻き返されて、わずかな期間で挫折し、首謀者が追放ないし処刑されることになります。

　もしプラトンが紀元前412年春を『ポリテイア』の対話の時として設定したとすると、これは、シチリア遠征惨敗と寡頭制クーデターのわずかな隙間のところであるわけです。

　そこには非常に深い意図があるのではないかと私は考えます。そのことについて語るためには、「プラトンの執筆の時期」も少し考える必要があります。

　これは前講で述べた「3つの時」、つまり「対話設定」、「対話の語り」、そして「プラトンの執筆の時」のうちの1つです。

　プラトンが『ポリテイア』を執筆していたのは、おそらく紀元前370年代、つまり、紀元前412年から40年ぐらい後のことです。その頃、プラトンは自分の学校（アカデメイア）をつくって10年ぐらいたち、かなり軌道に乗っていました。つまりアテナイの郊外に自分の仲間たちと一緒に哲学をする拠点をつくって、それなりに順調に進んでいる時期だと思

アカデメイアを描いたポンペイのモザイク画

■『ポリテイア』の時代

◆紀元前431年：ペロポネソス戦争が始まる
　（アテナイを中心とするデロス同盟とスパルタを中心とするペロポネソス同盟の戦い）
◆紀元前430年：アテナイの指導者ペリクレス、疫病で死去
◆紀元前427年：プラトン生まれる（アテナイにて）
◆紀元前421年：休戦協定（ニキアスの平和）
◆紀元前415年～413年：シチリア遠征
◆紀元前412年：ベンディスの祭り？（『ポリテイア』の舞台？）
◆紀元前411年：四〇〇人政権のクーデター
◆紀元前404年：アテナイ降伏（ペロポネソス戦争終戦）
◆紀元前404年～403年：三〇人政権のクーデター
◆紀元前387年：プラトン、アカデメイアを設立
◆紀元前370年代？：プラトン『ポリテイア』執筆？
◆紀元前347年：プラトン没

います。

　当時のアテナイというポリスの仕組みはどうかというと、民主制
がかなり盤石に確立して、揺るがない状況でした。

　アテナイの民主制はけっしてダメな民主制ではなく、非常に緻密
な制度によって設計されていました。特に、この紀元前411年の
「四〇〇人政権」のクーデターと紀元前404年～紀元前403年の「三
〇人政権」のクーデターの2度の転覆未遂事件を経た後では、もう
絶対に転覆できないようなシステムになっています。

　プラトンが本書を執筆した紀元前370年代は、ペロポネソス戦争
の大混乱を受けたアテナイというポリスが、さまざまな問題を露呈
しつつも、とにかく民主制を維持するという形で固まっている時期
でした。

　プラトンは『ポリテイア』の第8巻で、民主制についてかなり批
判的なことを述べていますが、実際にはプラトンが自分のポリス
（アテナイ）を変えることはできません。つまり、さまざまな理論
を展開して民主制批判をしようと、もはや行動は起こせない時期だ
ったのです。

そのプラトンが、設定上とはいえ、まさに政権が民主制になるのか、寡頭制になるのか、あるいはアルキビアデスを呼び戻して独裁制になるのか、まだ「ポリテイア（国のあり方）」がオープンだった時代に、人々を登場させていたということになります。つまり、紀元前412年頃の段階では「アテナイをどうするのか」ということについて本当に、みんなで議論できたのです。

　一方、プラトンがそんな時代を振り返っていたその時期には、もう1人の人間の力では、あるいはグループの力では「アテナイをどうするのか」を議論するような状況ではなくなっていました。

　したがって、プラトンはこの本の理念をアテナイでは実現できず、シチリア島に行って試してみようとするのですが、それはこの後日談になります。

　以上、この『ポリテイア』という対話篇が、どのような設定で書かれているかをお話ししました。

　プラトンが仕組んだ対話篇という舞台のなかで人々が語っているのは、けっして抽象的な議論ではありません。このような時代背景のなかで1人ひとりの人生がさまざまに絡み合うさまを、プラトンが再構成しているものなのです。

　実は、『ポリテイア』冒頭の登場人物であるポレマルコスは、紀元前404年に惨殺されます。紀元前370年代に生きているプラトンは、それを知っているわけです。どのように殺されたかというと、三〇人政権に捕まり、結局、ろくな裁判にかけられずに殺されてしまったのです。彼の財産が目当てで捕まったといわれています。

　三〇人政権は、紀元前404年にペロポネス戦争でアテナイがスパルタに敗北した後、スパルタの後押しで成立した寡頭制の政権でした。

　アテナイの主戦派がひっかき回す民主制で苦い思いをしてきた富裕層やエリートたちは、当初は三〇人政権に期待を寄せたといわれ

ます。しかし、この政権が恐怖政治を展開し、財産目当てで富裕層や民主派を粛清したため、再びアテナイでは民主制を支持する人々が力を盛り返し、三〇人政権は紀元前403年には崩壊します。

　プラトンはそういう出来事をすべて知ったうえで、登場人物たちが楽しく「ポリテイア（国のあり方）」についてしゃべっているという設定で対話篇を書いていることになります。

　以上が、『ポリテイア』という作品の「設定」についてです。

「正義とは何か」第1巻の重要性と全巻の構図

全10巻から成る『ポリテイア（国家）』の第1巻では、「正義とは何か」という主題が明確に提示されます。

第1巻では、ケファロス、ポレマルコス、トラシュマコスの3人がソクラテスの対話相手として登場します。シチリア出身の武器商人であるケファロスとの何気ない財産論から始まる対話は、やがて「正義とは何か」の追究へと進んでいくのです。

続くポレマルコス、トラシュマコスとの対話ではソクラテスの論駁が展開され、その後、全巻を費やして語られる問題提起につながっていきます。

『ポリテイア』全体の構図と併せて理解していきましょう。

「正義とは何か」という最も重要な問題提起

第4講では、『ポリテイア』の第1巻がどういう問題提起をしているかを見ていきます。

『ポリテイア』は、現在では全部で10巻になっています。「巻」というのは古代の1つひとつの巻物を指す呼び方で、長い作品のパーツを表わします。

ただし、「巻」はおそらくプラトンが自分でつくったものではなく、本を「写本」として筆写していくときに便宜的にわけられたものです。これはなかなか便利なので、われわれも「第何巻」という呼び方を使わせてもらいます。

藤沢令夫氏の翻訳（『国家』〈上・下〉岩波文庫）では、最初に「『国家』全篇の構成」と題して、10巻全体の梗概が載っています。どこでどういう議論をしているかということが書いてあり、非常に便利ですのでお使いください。

第1巻は、他の巻とは少し違って、ちょっと独立した対話篇のような感じになっています。いまからお話しするストーリーも、第1巻で完結するようになっています。

現代の学者のなかにも、この第1巻はもともと独立作品として別に作られたのではないかと推測する人もいます。独立作品だとすると、おそらく『トラシュマコス』というタイトルだったのではないかといいます。私はそう思ってはいませんが、そう考える人もいるぐらい独立性の高い部分です。第1巻だけ読んでも非常におもしろく、魅力満点です。

この第1巻で、まさに『ポリテイア』全体の主題である、「正義とは何か」という問題が明確に示されていくことになります。その意味で、最も重要な箇所だと思います。

財産論から「正義とは何か」の追究へ

　この第1巻では、語り手であり、かつ、これからずっと対話を導いていくソクラテスが、3人の人物と次々に対話をしていく形式を採ります。1人め、2人め、3人めと、相手が交代しながら対話していくわけですが、こういう対話篇は他にもあります（『ゴルギアス』など）。

　最初の人物は、港町ペイライエウスに屋敷を構えているケファロスという大金持ちのおじいさんです。その息子のポレマルコスが2番め、3番めはそこにゲストして来ていたソフィストのトラシュマコスという人物です（ちなみに、「ソフィスト」とは、古代ギリシアで、弁論術や政治・法律などを教えることを職業としていた知識人のことです）。

　この第1巻は、年齢も背景も違うキャラクターと次々に議論する、非常にドラマチックな仕立てで、第2巻以降とは、だいぶ雰囲気が違います。第2巻から第10巻まではグラウコンとアデイマントスの兄弟が交代で話を聞きますので、やや単調です。

　本書の第2講で紹介したように、アデイマントスとグラウコンは、プラトンの兄です。2人の性格に少し違いはありますが、この2人は基本的に同じアテナイの市民で、ソクラテスと3人だけの対話になるので、第1巻のほうが、よりドラマチックな感じがします。

　さて、最初のケファロスとの対話は、プラトンの筆が冴えているところです。

　ソクラテスが「久しぶりだから、うちに寄っていきなさいよ」と誘われます（無理やり連れられて行きます）。行ってみたらお年寄りのケファロスが、お祭りのお供えをしようとしているところでした。そこで、何気ない会話から始まるわけです。

社交辞令のような挨拶をした後で、ソクラテスがシチリア出身の商人であるケファロスにいろいろと聞いていきます。「あなたのようにお年を取って、何か変わったことはありますか」「そうだね。性欲がなくなったのはむしろ良かったよ。奴隷状態から解放されたような感じだ」というような、ちょっとおもしろい対話があります。

　それから、「あなたは財産をどれぐらい増やしたのですか。それとも減らしたのですか」「いやぁ、私の祖父が作った財産を父親がだいぶ減らしたけれども、自分はその分を回復したよ」といった話になります。

　ケファロスという人は、実は武器商人です。武器商人というと少し怖い感じがするかもしれませんが、武器というのは非常に主要な産業で、かつ当時のギリシアは戦争の多い時期だったので、当然、儲かったと思います。それに、政治家とのつながりも強かったのです。

　ですから、ケファロスはアテナイの指導者ペリクレスの要請を受け、南イタリアのギリシア植民地市トゥリオイというところに在住したりもしています。

　そのように、やや政治的な商人でもあったのがケファロスです。そういう人に対して、お金のないソクラテスは「あなたは財産を回復したといわれますが、あなたのように財産を持っていて、何か良いことがありましたか」と聞いていきます。

　そこでケファロスは、「そうだなぁ、人に嘘をつかないで済むし、借りたものを返さずに死ぬよりはいいかな」と、けっこう控えめなセリフを返しています。「自分は死が近くなってくるにつれ、昔は気にならなかったことが、だいぶ気になってきた。つまり、人を騙したり、人に借りたままで死んでしまったりすると、死後に罰が下るのではないか、責めを受けるのではないかと不安なのだ。お金が

あると、そういうことがなくて済む。その点は、財産があって良かった」というわけです。

　この人物をどう評価するかは難しいのですが、死期の迫っている人が人生を振り返り、お金が一番だとは思わなかったけれども、そういう良いところはあったといっているのです。

　そこからソクラテスは、「あなたはいま、嘘をついたり、人に借りたものを返さないようなことは不正だから罰せられる、とおっしゃいました。では、正義とは、どういうことなのでしょう」と尋ねていきます。

「そうだねぇ。いまいったことでいえば、正義というのは真実をちゃんと語って、人に借りたものを返すこと。それが正義なんじゃないか」とケファロスは答えます。

　そうするとソクラテスは、こんな意地悪な例を出します。

「たとえば、ある友人に武器（ナイフか何か）を借りていて、その人が何かで怒り狂って"あのナイフを返せ"といってきたとしたら、その人に返すほうが正義でしょうか。返せば、何か犯罪を起こすかもしれない。そういうときに、嘘をついてでも返さないことのほうが正義ではないか」

　これは非常に極端な例ですが、ケファロスは「たしかにそうだ」と思うわけです。彼はこういう議論にあまり慣れていないのです。

　そうすると、「必ず正直に真実を語り、必ず人に借りたものを返す」ことは正義だという定義は崩れてしまう。そこがソクラテスの突っこみどころです。「では、正義とはいったい何ですか」と。

▍「やられたらやり返す」は正義か

　ここで、2番めの人に代わります。ケファロスの息子であるポレマルコスです。

彼は「父はそろそろ、おいとまするので、私が代わりにお相手をしましょう」といって、先ほどの父親の定義を引き継ぐわけですが、彼はもう少し賢いやり方をします。知者である詩人の言葉を使うのです。当時、非常に人気のあったシモニデスという詩人の権威を持ってきます。

「それぞれの人に借りているものを返すこと（すなわち自分の味方に利益を与え、敵に害をなすこと）」というシモニデスの言葉を用いて、味方はどんどん援助し、敵に対しては徹底的にやっつけるのが正義というものなのだというわけです。

　これは、ギリシアの代表的な倫理観です。「目には目を、歯には歯を」のような感じです。自分に良いことをしてくれる人には応分のお返しをするが、自分の敵に対してはやられた分をやり返す。

　特におかしな主張ではありません。しかし、ソクラテスはその定義に対していくつかの議論をぶつけ、本当にそれで良いのかと論駁していきます。

「論駁」というのはソクラテスの使っている論法であり、相手のいっていることを並べて、正しいかどうか吟味し、最終的に「これでは、うまくいかないね」と退けていく論法です。

　ポレマルコスはどのように論駁されたかについて、最後の議論だけ紹介しましょう。

「仮にも正しいといわれる人間が、人を害するということがあるのだろうか。相手が自分の敵だからといって、その相手を殴ったり、いじめたりするようなことが、はたして正義だろうか。相手が味方であろうが敵であろうが、正しい人が相手を害することはないのではないか」

　このように組み立てられた議論により、ポレマルコスは自分の考えをうまく整合的に説明できなくなり、論駁されることになります。

この対話で、ソクラテスが考える正義は、ギリシアの通常の応報的な正義とはだいぶ違うことが示されます。

　私たちはその後の歴史として、たとえばイエス・キリストが「右の頬を打たれたら左の頬を差し出せ」といったことも知っています。そこまで極端ではありませんが、「打たれたら打ち返せ」という論理に対して、違う倫理を持ち出したのが、ソクラテスとポレマルコスの対話のおもしろいところです。

強力な独裁者である僭主は「幸福な人」か

　そして、3番めにトラシュマコスが出てきます。トラシュマコスは屋敷の客ですが、ソフィストとしてやってきた彼は、この段階で怒り狂っています。ソクラテスに襲いかからんばかりの雰囲気で、彼に向かって「いつもと同じ、たわけた言い草だな」と挑みかかってくる、非常にドラマチックな場面です。

　トラシュマコスという人はかなり重要な人物で、歴史上でも有名です。これから紹介するように、かなりひどいことをいうので、アモラル（不道徳）な人ではないかと考えられがちですが、私はそうは思っていません。彼の怒りは、むしろソフィストとしてのパフォーマンスではないかと思っています。

　つまり、本人はけっこうまともな人かもしれず、何をどう信じているのかはわからないが、人前で怒ってみせたり、ソクラテスに対してチャレンジしてみたりすることを一種の芸として行なっているのではないか、と私は考えているのです。

　そのトラシュマコスはこういいます。

「甘っちょろいことをいっているんじゃない。正義とは強い者の利益なのだ」

　みんなはキョトンとして、「正義が強い者の利益とは、どういう

ことですか」と尋ねます。

　すると、トラシュマコスはこう答えます。

「正義を行なう人は、たとえば正義に従い、法律に従って、いうことを聞くし、やらなくてはならない義務を果たす。しかし、それによって得するのは誰か。それは、法律を立てて正義を定めた人、すなわち支配者ではないか」

　つまり支配者は自分に都合のいいような法律や正義をつくって、一般人民はそれにせっせと従うわけです。ということは、「正義とは、強い人間が勝手につくったルールであり、皆はそれに搾取されているということではないか」という非常に過激なことをいうのです。

　この意見には、一瞬たじろがざるをえません。現代においても一瞬、「もしかしたら、そういう構造があるかもしれない。一生懸命に税金を払っているけれども、大丈夫なのか」と思ってしまうかもしれません。

　そのような、かなりチャレンジングな主張ですが、これはトラシュマコスがつくった説ではありません。おそらくこの時代のギリシアでは、いろいろな人がこういうことを考え、いわば社会制度に対して不満を持っていたということだと思います。

　トラシュマコスは、そのような不正な人のなかでも「完全に不正な人」は「僭主」であるといいます。

　僭主をギリシア語で「テュラノス」といいますが、いわば独裁者です。独裁者が最高に強い。独裁者は自分の好きな法律をつくって、みんなから正義を行なわせて利益を手に入れる。だから、彼が一番幸せなのだというのです。

　ソクラテスは、それに対して真っ向から反論します。つまり、「正義とはそういうものではない。僭主は幸福な人ではない」ということをトラシュマコスとの間でやりとりしていきます。

今回、細かい議論は省きますが。それによりトラシュマコスもやはりソクラテスの議論によって論駁されて、自分の説を引っ込めるというのが第1巻の終わりになります。

　最初にトラシュマコスが非常に勢いよくいったことが、最後は尻すぼみになってしまい、なんとなく読者としてはもどかしく、やや物足りない感じを受けます。これが、第2巻以降につながっていくことになります。

『ポリテイア』全体の構図とリング・コンポジション

　ここで、これから始まる全体の構図について、図で簡単に説明しましょう。

　『ポリテイア』の第1巻から第10巻までは、56ページの図のような、少しでこぼこした三角形の構造ではないかというのが、私のイメージです。

　第1巻はイントロダクションにあたるわけです。導入にあたって、問題提起を行なう。そして第10巻はまとめにあたるので、第1巻と第10巻は呼応しています。

　第1巻の最初でケファロスは「死んだ後、不正なことの罰を受けないか、怖いね」話します。その話は、第10巻の最後に置かれた「エルのミュートス（物語）」という部分の「死んだら人間の魂はどうなるのか」という話で回収されます。

　第2巻から第4巻では「正しいポリスとは何か」を議論し、第8巻と第9巻では「不正なポリス、不正な魂とは何か」を議論します。「正しいポリス・正しい魂」に対して「不正なポリス・不正な魂」。これは、上っていく過程と、下りていく過程です。

　真ん中の3巻分は、やや脱線的な感じですが、「イデア論」が出てくる重要なところです。第5巻から第7巻の「中心巻」で、「哲学者」

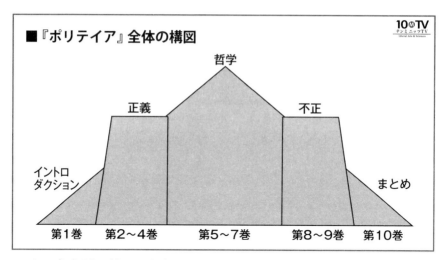

■『ポリテイア』全体の構図

哲学

正義　　　　　　　　不正

イントロ
ダクション　　　　　　　　　　　　　　　　　まとめ

第1巻　第2〜4巻　　第5〜7巻　　第8〜9巻　第10巻

という主題が語られます。その、ちょうど真ん中のところに「善の
イデア」が出てくるわけです。

　こう書くと、ギリシアの神殿にある非常にきれいな破風（ペディ
メント）構造のようです。

　プラトンはこういう対話篇の構成をよく使っていて、聞いている
だけだとわからないけれども、ビジュアル化するとこのようになっ
ている。しかも、これは「リング・コンポジション」と呼ばれる玉
ねぎのような構造になっています。

　この構造を少し念頭に置きながら、いま始まった議論がどのよう
に発展して頂点を迎え、どのように結末に回収されていくかという
過程をつかんでいきたいと思っています。

ギュゲスの指輪…
人は本当に正義でいられるか

「正義とは何か」をめぐる第1巻の問答は序曲でした。第2巻以降、プラトンの兄たちによってソクラテスの「正義について」の議論は、さらに深まっていきます。

そのなかで、まず「善いもの」の3分類が示されます。社会契約説や、「ギュゲスの指輪」という思考実験など、ソクラテスに対する驚くべきチャレンジが続いていくのです。

とりわけ「ギュゲスの指輪」の物語では、「悪事が100パーセントばれない魔法の指輪を手に入れたとしたら、あなたは何をしますか」という問いかけが行なわれます。あなたは、本当にそれでも正義が行なえるのですか、と。この物語を読んで、胸に去来するのは、どのようなことでしょうか。

グラウコンとアデイマントスによる挑戦

　第4講で見てきたように、『ポリテイア』第1巻の議論では、3人の対話相手とソクラテスが「正義とは何か」について議論して、その3人のそれぞれの考えを論駁して終わりました。つまり、「わからないね」ということで終わったのですが、それはいわば序曲にすぎません。ここから本曲が始まるのです。

　場面が一転するのは、ソクラテスと一緒に港町まで歩いてきて、対話を聞いていたグラウコンという若者（プラトンの兄）がソクラテスにチャレンジするところからです。

　グラウコンは、「いまの議論では納得できない。正義は不正に勝_{まさ}っているのだということを、本当に説得してもらいたい」といいます。そんな中途半端な議論ではダメだと挑んでくるわけです。

　グラウコンと次に出てくるアデイマントス（いずれもプラトンの兄）は、いつもソクラテスと一緒にいる仲間です。だから、だいたいソクラテスと同じような考えを持っているはずで、トラシュマコスのような論敵とは違います。ところが、グラウコンはあえてトラシュマコスの議論を引き受けるという役割を買って出て、反論を向けてきます。

　つまり、グラウコンはトラシュマコスとは違う考えを持っていたはずなのに、あえてその立場に立って強力な議論をぶつけていくのです。

　これは、『ポリテイア』の著者であるプラトンが意識していたことで、もしかしたらプラトン自身が、ソクラテスに向かってチャレンジをしているのではないか。そのようにも想像されます。そのチャレンジが大きければ大きいほど、当然ながら最後に、『ポリテイア』という本の説得力が増すわけですから。

そういうことで、第2巻の前半部は、グラウコンとアデイマントスの2人のチャレンジで幕を開けます。

　とりわけグラウコンが提示する3つの議論は非常に強力かつインパクトの強いものです。それが今日に至るまで、倫理学の大きな問題を引き起こしているということになります。

「善いもの」の3分類と正義

　グラウコンは最初に、「善いもの」を3つに分類することを提案します。

　1つめは、「それ自体としては善いけれど、結果は伴わないもの」。

　つまり、いまは楽しく、悦ばしいのですが、しかしそれで終わりで、結果として別に善いことはない、ということです。

　2つめは、「それ自体として善く、かつ結果としても善いもの」。

　たとえば、知恵や健康です。健康な状態は、いまも楽しいけれども後々にも善いわけで、それ自体としても、結果としても善いものです。

　そして3つめに、「それ自体としては善くないけれども、結果は善いもの」。

「えっ？」と思うかもしれませんが、たとえば手術を受けるというのはどうでしょうか。まさか手術自体を好きな人はいませんよね。ですから、それ自体は善くないけれど、それをすることによって結果は善くなるというものです。

　そういう3種類があるとすると、いったい正義はどれに属するのですか、というのがグラウコンの最初の問いかけです。

　ソクラテスは、いまの3種類のなかでは、2つめのものだと考えます。「正義というのはそれ自体としても善いものだし、結果としても善いことがある。それはもちろん、正義は完璧だからだ」と考え

■「善いもの」の三分類

（A）それ自体として善いが、結果は伴わない：悦び
（B）それ自体としても、結果としても善い：知恵、見る、健康
（C）それ自体としては善くないが、結果（利益）がある：体操、治療

	それ自体で善い	結果として善い	例
A	○	×	悦び
B	○	○	知恵、見る、健康
C	×	○	体操、治療

ソクラテスはBと考えるが、一般大衆とトラシュマコスはCとする
＊正義と不正がそれぞれ何か、それが魂のなかでどのような力をもつか
「正義がそれ自体として善い」と讃える必要

るのです。

　一方、トラシュマコスや一般の人々は3つめだと考えている節がある。つまり、「手術を受けるのはみんな嫌なのだが、手術を受けないともっとひどくなるから、結果だけを求めてする。それが正義なのではないか」ということです。

　この3種類でいうと2つめか3つめかで、ソクラテスとその他の人たちの議論がわかれていく。そうだとすると、どこで判定すればいいか。

　これを判定するには、「正義は、それ自体として善いか悪いか」を確かめればいいわけです。つまり、両方とも結果としては正義に何かメリットがあることは認めている。ただし、それをすること自体にメリットがあるかということを確認しなくてはいけないのです。

「正義の起源としての社会契約」という強力な議論

　このようにグラウコンはなかなかシャープで、非常に整然とした議論をしてくれます。この問題提出を踏まえたうえで、グラウコン

は3つの議論を出します。「正義は、それ自体としてやりたいものではない」ということを、ソクラテスに向けてチャレンジするわけです。グラウコン自身が本当に信じていたかどうかはわかりませんが、これは非常に強力な議論です。

　1つめは「正義の起源？──社会契約説」。

　2つめは「正しいことは、やむをえないから渋々している？──ギュゲスの指輪」。

　3つめは「不正な人生のほうが、正しい人生よりマシ？──最も正しい生き方と最も不正な生き方の比較」です。

　1つめの「正義の起源」ですが、正義はどうしてできたかについての1つの考え方として、「社会契約説」があります。

　正義はもともとあったものではなく、人々がみんなで「こうしよう」と合意し、握手をしたうえでつくったものである。その合意の仕方は、嫌々の合意であり、「できれば正義など行ないたくないのだけれど、仕方がないからやろう」というのが正義なのだということを説明するために、社会契約説を持ってくるのです。

　社会契約説というと、おそらく皆さんはホッブズやロック、ルソーなど近代のものだと思われるかもしれません。しかし、プラトンの時代のソフィストたちは、すでに社会契約説を唱えていたのです。

　ちなみに現代でも、多くの人が社会契約説を用います。現代リベラリズムの理論家で、『正義論』という著作で名高いジョン・ロールズなどは、「すべての正義は社会契約だ」と思っているのですが、プラトンはそう思っていないというところを、これから見ていきます。

社会契約説の背景に潜む「ノモス」と「フュシス」の問題

　社会契約というのはどういうことでしょうか。

「不正をなすことによって得られる利益」と、「不正をされることによって被る害悪」と、どちらが大きいかを考えてみます。

　不正をなすことの利益が大きいのであれば、「正義」を結ぶ必要はありません。しかし、不正をされたことによって被る害悪のほうが大きいのなら、みんなが集まって「不正はやめよう」という約束を交わそうということになるでしょう。これが社会契約としての正義の始まりだということになります。

　さらに、「不正をしても罰を受けない状況」と、「不正をされても仕返しできない状況」がある場合、どのように選択しますかと問われたらどうでしょう。やはり仕返しできないのは嫌ですから、社会契約を結ぶことになります。

　このようにして結ばれたものは、みんな自分から進んでやりたいわけではないけれど、「そうしたほうが全体的には得だから」ということでやっている。そうだとすると、「これは弱い者が集まってつくった約束なのではないか」ということです。

　つまり、「自分は、これ以上ひどくやられたくないから、法律で守ってもらおうよ」ということです。

　しかし、もし、そのなかで1人が「そんなの、かまわないよ。自分は自分でやりたいことをやる」といって、実力で利益を得ようとしたら、むしろそんな法律や正義はないほうがいいのではないか、という発想につながってしまいます。

　この「社会契約としての正義」という発想には、ソフィストたちが唱えていた「ノモス」と「フュシス」の区別という背景があります。どういうことか。

■ ノモスとフュシス

　ノモス＝法律や慣習で定められていること

　フュシス＝自然においてあること

「ノモス＝法律で定めていること」と、「フュシス＝自然において
あること」は全然違うという見方です。

　正義や法律はノモスに属するもので、自然とは違う。自然的に強
い者は他人のものを分捕ってしまいかねないけれど、法律をかぶせ
て規制しているのだという発想になるわけです。

　それに対して、ソクラテスとプラトンは、むしろノモスとフュシ
スの区別そのものを廃止して、一体のものだと捉えます。これがプ
ラトンの議論の戦略になっていくわけです。

　つまり、『ポリテイア』全編の議論を通して、社会契約説的な考
え方が否定されていくことになります。

「ギュゲスの指輪」という思考実験

　2つめの議論は非常に有名なものなので、ご存じの方も多いと思
いますが、「ギュゲスの指輪」という思考実験です。グラウコンの
挑戦の中心であり、いわば花形です。

　グラウコンは「正義はやむをえず行なっているのだ。自分から進
んでやりたい人などいない。渋々やっているのだ。それは、みんな
自分で確認できますよ。こういうお話を考えてください」といいま
す。そこで行なうのが「ギュゲスの指輪」の思考実験です。

私が「思考実験」と呼んでいるのは、けっして大袈裟な言い方ではありません。純粋な条件を頭のなかにつくることによって、私たちがどう行動するかをシミュレーションするということです。
「ギュゲスの指輪」は魔法の指輪で、この指輪をした人の姿が見えなくなってしまうのです。そういう指輪を手に入れたらどうするかという話です。
　この話をすると、必ず学生から「そんなものは世の中に存在しない。結局、いつか気づかれるかもしれないから、僕は悪いことはしません」という者が出ますが、そういうことを考えないために「思考実験」をするのです。
「何をやっても絶対にばれない。100パーセントばれない。そのとき、あなたはどうしますか」
　これは現実に起こらないことなので、思考実験をするしかないわけです。100パーセントばれない魔法の指輪を手に入れたとしたら、あなたは何をしますか。ちょっと自分の心のなかを覗き込むようで怖いですね。そういう話をするのです。
　そういう思考実験を通じて、私たちの「本性」をあぶり出す。もしかすると、どす黒い本性をあぶり出していくことになりますが、これはイマジネーションを使う実験です。そして、さまざまな場所でこれから出てくる手法です。
「ギュゲスの指輪」はこういうお話です。
　羊飼いのギュゲスという人がいた。あるとき大地震が起こって、その後にギュゲスが地中の裂け目に潜ると、そこに青銅の馬があり、そのなかにあった指輪を取ってきた。その指輪の玉受けを回してみると、自分の姿が消えて、みんなに見つからないことがわかった。
　これは秘密の魔法の指輪だと気づいたギュゲスは、王宮に行く使節に加わってそのなかに入ると、王妃と密通し、王様を殺して、自

分が王様になってしまった。そういうストーリーです。

　この物語によって、グラウコンがどういうことをいいたいかというと、「普通の羊飼いだったギュゲスでさえ、魔法の指輪を手に入れたら、人を殺したり、他人の奥さんを取ったり、最後には王朝をつくったりするではないか。私たち人間は結局そういう生き物なのではないか」ということです。

　この思考実験はつまり、「個人的には結局、みんな不正をやりたいのだが、不正をしないで我慢しているのは人が見ているからなのだ。人に見られず、罰せられないのだったら、何でもやるのではないか」ということを示したいわけです。しかし、はたしてそうなのでしょうか。

　このお話の元になったギュゲスは実在の人物で、ヘロドトスの『歴史』の第1巻に出てくる有名な人物です。本当は羊飼いではなかったようですが、やはり王様を殺して王位を奪い、リュディア王朝をつくった最初の王様です。こういう歴史的な人物を使っています。ヘロドトスの記述と読み比べてみると非常におもしろいのですが、時間の関係もあり、ここではお話しできません。

　グラウコンはこう考えます。「私たちの心は、欲望でできている。もっと欲しい。見つからなければ、もっともっと欲しい。お金ももっと欲しいし、きれいな異性もいっぱい欲しいし、権力も欲しい。それを取らずにいるのは、人に見られているからなのだ。私たちの本性を解放すれば、最終的には独裁者になりたいのではないか」と。

　さて、あなたはどう考えるのかを問うのが2つめの議論です。

最も正しい生き方と、最も不正な生き方の比較

　3つめの議論はシンプルです。「正しい生き方」と「不正な生き

方」とどちらがいいかを比較するために、極端な例を2つ持ってくるとわかりやすい、という話です。

　コンクールのように2人の代表者を出して、「Aの立場とBの立場のどちらがいいですか」と比べてみます。

　正義の人の代表者は、「完全な正義をやっているにもかかわらず、誰にも認めてもらっていない人」。つまり、正しいことだけ行なっているにもかかわらず、濡れ衣を着せられ、世間から誤解され、バッシングされて、最終的には拷問を受けたり、死刑になったりするかもしれない人。それでも最後まで正義を行なう人です。

　かなり極端ですが、先ほどの議論では、「それ自体としては善いのに、結果はダメな場合」に対応します。

　不正な人はどうかというと、「あらゆるひどいことや悪いことをして、ふんだんに儲けているにもかかわらず、人々から素晴らしい正義の人と賞賛されている人」。ちょうど、正反対になっています。

　さて、どちらが幸せか。

　グラウコンは「もちろん明らかでしょう」というつもりで、このような例を述べるわけですが、皆さんはどう思いますか。

　いまの「正義の人」の話からは、ソクラテスの面影が浮かびます。ソクラテスは一生哲学をやって、正しい人として生きてきたはずなのに、最後は「不敬神」という国家転覆罪に問われて死刑になります。それでもソクラテスは幸せですかと、プラトンはソクラテスの死後に書いた対話篇で、登場人物のソクラテスに向けて問うているのです。

▎正義を行なうのは「オマケがつく」から？

　以上がグラウコンによる3つの議論で、その後、さらに兄のアディマントスが少し付け加えます。これも、なかなかおもしろい議論

です。

　グラウコンは「正義など行なってもダメだ」という議論を紹介したのですが、アデイマントスは「正義は素晴らしいといっている議論を見てみよう」というのです。「正義は素晴らしいと人々は口にする。でも、本当にそうですか」と。

　人々は「正義を行なうほうがいい」「正義はいい」というけれども、それは結局、「正義を行なえば、何かオマケがついてくるから」ではないか。もっといえば、少々正義を怠っても、神様におべっかを使えば、結果的には善いことが来るのではないか。つまり、正義を讃えている詩人たちは、あまり正義のことをまともに評価してないのではないか、というわけです。

　これは『ポリテイア』の少し後にある教育論での、「詩人たちがいっている正義は、本当に信頼できるのか」という議論につながってきます。

残りのすべての巻で証明される驚きの結末

　以上、2人の議論によってソクラテスはかなり強いチャレンジを受けました。「正義は本当に行なう意味があるのか。われわれは正義を渋々行なっているだけで、やらなければ良いのではないか」と。

　これに対して、ソクラテスは『ポリテイア』の残りすべての巻を使って証明していくのです。

「正義はそれ自体として行なうに値する、素晴らしいことである。それは結果が伴っても伴わなくても素晴らしいことだ」──このことを第2巻の半ばから10巻までかけて証明していきます。

　プラトンが、これだけ長い対話篇である『ポリテイア』を書いたのはなぜかというと、この巨大な問いに対して多くの道具立てと議

論を用いて完全に答えるためです。

　そのすべての道具立てを終えた後、第10巻でソクラテスはこのようにいいます。

　《私たちは、正義がそれ自体として魂それ自体にとって、もっとも善いものであるということを見出した。そして、ギュゲスの指輪を持っていようといまいと、さらにそのような指輪に加えてハデスの兜（かぶと）を持っていたとしても、魂は正しい物事を為すべきだ、そう分かったのだ》（『ポリテイア』第10巻612B）

　これは、けっこう驚きの発言だと思います。私も、何度『ポリテイア』を読んでもそう感じます。つまり、ずっと『ポリテイア』を読んできて、最後にグラウコンとソクラテスの対話でグラウコンが納得するのです。「最初に問題提起したときは、ギュゲスの指輪を持っていれば、きっと人のものを盗んでしまうと思ったのですが、いまはまったくそう思いません」といっているのです。

　ここに出てくる「ハデスの兜」も、被ると姿が見えなくなる道具です。このような、まるで魔法使いのハリー・ポッターのマントのようなものを持っていたとしても、「私はまったく悪いことをやる気が起こらない」と。

　なぜ、そういえるのか。

　そういえるためには、私たちが第2巻から第10巻までを理解しなくてはいけないのです。もし本当に私たちが、プラトンのいっていることの正しさを理解できれば、「私がギュゲスの指輪を持っていても、おそらく、いまとまったく同じようにふるまうことでしょう」といえるはずです。

　さて、それができるかどうか。これが、これから先の議論の帰趨（きすう）になります。

なぜ戦争が始まるのか——
ポリスをめぐる壮大な思考実験

「1人ひとりの正義」を知るには、より大きな「国の正義」を見るのが良い。ソクラテスはそのように述べて、第2巻の後半からは、その類比の方法に基づいて「言論によるポリス建設」がなされます。そこで一種の壮大な思考実験が行なわれるのです。

「なぜ私たちは共同体で生きるのか」という問題設定に始まり、分業によるミニマムな共同体に人が増えていく過程が描かれる。そしてさらに、「ぜいたくな社会（国）になると、戦争が始まるので、軍人という職業が必要ではないか」と、ソクラテスとグラウコン、アデイマントスの3人の議論は進んでいきます。

「軍人という職業が必要」というのは、当時のギリシア社会にあっては、斬新な考え方でした。しかもプラトンは、軍人と他の職業とは「まったく違う性格がある」と説きます。そして、この「違い」についての考え方が、後の議論につながっていくのです。

大きな文字と小さな文字——類比による議論

『ポリテイア』第2巻の前半では、グラウコンとアデイマントスによる正義へのチャレンジが行なわれました。ソクラテスはそれを引き受け、「正義はそれ自体として善いことだ」、もっというと「正義を行なっている人は幸せなのだ」ということを証明する議論に取りかかります。それが、第2巻の後半から始まる長い議論になります。

「いきなり答えをいうことができない」ということで、非常に大仕掛けの議論が始まります。ここから別の対話篇が始まるのではないかというほどの大仕掛けです。

　そこでは政治学、倫理学、魂論など、すべての議論が必要になってくる。つまり全哲学をかけて、この問いに答えていくことになるのです。

「正義とは何か」。それは私たちにとって簡単に答えられる問題ではなく、いわば哲学全体のカギになるような問題だということがわかってきます。

　さて、その仕掛けの最初に、ソクラテスはやや唐突に「大きな文字と小さな文字」という話をします。

　たとえば、正義の「正」を大きく書くのと小さく書くのでは、どちらが見やすいでしょうか。もちろん、大きい文字のほうが見やすいですよね。特に視力の弱い人、遠くから見ている人は、大きな文字を見たほうがいい。

　しかし、大きくても小さくても、どちらも「正」という文字であることに変わりはありません。だから、「大きいほうから見て、小さいほうと比べていけばいいのではないか」というのが、これから始まる議論の大枠です。

「大きな正」の文字にあたるのは「ポリス」で、「小さな正」の文

■ 大きな文字と小さな文字

正   正

大きくても小さくても「正」という文字であることに変わりはない。
⇒大きい文字のほうが見やすい⇒「ポリス」と「人＝魂」の類比も同じ

字にあたるのは「1人ひとりの人」、もっといえば「魂」です。

　私たちが「正義」や「正しい」ことはどこにあるかを見ようとする場合、その1つの場面は当然ながら社会です。古代ギリシアの「ポリス」で、「国」と呼んでもいいでしょう。

　社会全体を視野に入れ、その社会が正しい社会になっているかどうかを見る。これは、規模が大きいので見やすいかもしれません。

　しかし、1人の人の魂、心、生き方が正しいかどうかというのは、どうでしょう。個々別々なので、それなりに見るのは難しいかもしれません。

　「だから、大きいほうを使って、小さいほうを見ていこう」とソクラテスは述べるのです。

　このような手法を、「類比（アナロジー）」と呼びます。「大」と「小」の2つを比べていきましょうというのが、これから始まる議論です。

「言論によるポリス建設」と「植民」

　そのために、まずしばらくは「大きいほう」、すなわち「ポリスのあり方」についての検討が行なわれます。

「いまから、言葉でポリスをつくっていこうではないか」と議論が進んでいき、壮大なイマジネーションが炸裂します。「人間の社会は、どのようにできてきたのか」を、いまから議論で構築しようというわけです。

　もちろん、私たちは「歴史」をさかのぼって実際に見ることはできないので、「社会がどうできたか」を直に検証することはできません。しかし「理論上、このように考えると、社会の仕組みがわかるのではないか」ということを、ソクラテスがやっていく。そのような議論が始まります。

　この「言論によるポリス建設」とは、どういうことでしょうか。つまり、ソクラテスと対話相手であるグラウコン、アデイマントスの3人で、「どういうポリスにしようか」といいながら、プランニングをしていくのです。

　これは、なかなかおもしろいことです。「ポリス建設」と言葉でいっているので、単に想像力を用いるだけに思えますが、このようなプランニングが、古代ギリシアでは時々行なわれていました。それが「植民」と呼ばれているものです。

　新たな土地に新たな人々を住まわせ、新たなポリスをつくろうではないか。そういうときには、こういう法律をつくろう──。こういうことは、プラトンの時代、よく起こっていることです。

　つまり、ここで行なわれる「言論によるポリスの建設」は、けっして単なる空想ではなく、ある意味では実現も可能であるような話になっているのです。

　そこでポリスをつくっている人は、当然、そのポリスの統治者になると見込まれるので、ソクラテスとグラウコン、アデイマントスの3人は、これからポリスのトップに立っていくようなつもりで語っていることになります。

なぜ私たちは共同体で生きているのか

　これも一種の壮大な思考実験だといっていいと思いますが、社会学や政治哲学のなかには込められないところがあります。もう少し、根本的なものです。

　なぜかというと、「人間の本性が、どのようにポリスをつくっていくか」ということを議論するからです。「人間論」ともいえるでしょう。「人間とはどういうものか」を見ていくことになるのです。「ポリス」は古代ギリシアの都市国家であり、数千人から1万人ぐらいの小規模な共同体です。では、人間の「共同体」はなぜ必要なのか。なぜ私たちは「共同体」で生きているのか。

「いや、自分は共同体なんて要らない」「もう息苦しいから共同体は嫌だ」という人もいるかもしれません。

　しかし、それはできません。なぜならば、1人ひとりの人間は自足できないからです。

　自分1人では生きていくことができない。私たちは共同で、一緒に生きないといけない。

　そうなのだとすると、一緒に生きていく「まとまり」が、こうした「共同体」や「ポリス」というものになっていくわけです。

　では、どうしたら最小限のポリスができるか。

「まずは衣食住でしょう」ということになります。そういわれると当たり前だと思うかもしれませんが、必要なのは食べもの、着るもの、住む場所です。

　ロビンソン・クルーソーのように1人で無人島に行けばどうなるかはわかりませんが、私が1人で耕し、1人で家をつくり、1人で着物を織るというのは、おそらく不可能に近い。

　では、どうするかというと、ある人は農作業をし、ある人は家を

つくるプロになり、ある人は服を織る、というように分業をすれば
いい。それぞれの人は不十分であっても、みんなで集まると、より
うまくいく。それが、共同体の基本ではないかということです。

ミニマムな共同体から、ぜいたくな社会へ

そういうことで、ソクラテスと対話相手（グラウコン、アデイマ
ントス）は、「最初は、たとえば農夫、大工、機織り職人、あとは
靴職人の4人ぐらいいれば最小のポリスができるのではないか」と
考えます。そのうちに、「いや、それでは足りない」という意見も
出て、少しずつ増えていくわけです。

これは、なかなかおもしろい話です。

結局、「一番ミニマムな人間の共同性」は、まだ「自然の本性（フ
ュシス）」から逸脱していないわけです。自然の本性としてオール
マイティの人はいません。だから、いま議論している「最小のポリ
ス」は、ノモス（掟、慣習、制度、法律など人為法）とはなっていな
い、つまりフュシス（自然）の発露なのです。

たとえば、私が農夫だったら、農家として一生懸命に作物をつく
り、生産物の野菜などはみんなに渡す。その代わり、家を建てたい
ときは、大工が来てくれて私の家をつくってくれる。

そういう分業によって、一緒にやっていく。1人1つずつ仕事をし
ていくという理念、理想の下で、とりあえずポリスをつくっていき
ましょうということで、議論していきます。

これを続けると、だんだん「これも欲しい」「あれも欲しい」と
いいたくなります。

それで、グラウコンは少し意地悪なことをいいます。

「ソクラテスがいま話しているポリスは、豚の国のようなものです
ね」と。

■「最小のポリス（4人？）」から「贅沢な国家」への膨張

食糧生産（農夫）、住居建築（大工）、衣服製作（機織り）、身の回り品（靴づくり）
　↓
これでは「豚の国」？＝おかずなしの食事をしているようなもの
　↓
そこで貿易商や市場の商人なども⇒「贅沢な国家」への膨張
　↓
人口が増えると、それを養う領土が必要となる
⇒軍人・守護者の登場

　これは、かなりバカにしたような言葉です。「豚は毎日食べていれば幸せかもしれないけれども、私たちは、ただ食べればいいというものではないでしょう。やっぱりおかずも欲しいし、デザートも欲しい」と言い出すわけです。

　では、もう少しグルメなものをつくってくれる料理人を雇おう。よその国から輸入した素材を使おう。そのようにして、分業に加わる人たちがどんどん増えてくるにつれ、ポリスの規模もどんどん大きくなっていく。

　ミニマムな社会から、「豚の国はダメだね」といって、ちょっとぜいたくな社会に一気に拡張するわけですが、どこまでが許されて、どこからがダメなのか。それが、これから難しくなってくるところです。

国が大きくなっていくと、戦争が始まる

　ぜいたくな国はどのように膨れあがるかというと、「必要なものだけではない国」になるということだと思います。つまり、生きるために必要な食べもの、家、衣服だけで満足できず、何か他のもの

も欲しくなる。「必要なものだけではないもの」を私たちが欲しくなるのも、人間の本性のなかに入ってきます。

　たとえば、芸能やエンターテインメントです。「エンターテインメントは必要ではない」といって禁止していると、実際に私たちの生活は、けっこうリズムが狂います。そういうことで、もしかしたら必要なものなのかもしれないと考えていくと、ポリスはどんどんどんどん大きくなっていきます。

　そして、人が増えてくると、土地も必要になってくる。養うためにはお金も必要になってくる。そこで「戦争が起こることになる」というのです。

「えっ、こんな空想上で、小さな町づくりから始めて、みんな仲良く分業して暮らそうというところで、どうして戦争が始まるの？」と思われるでしょう。しかし、こちらの町がどんどん膨れあがっていき、隣の町も膨れあがっていけば、当然、どこかで衝突が起こって戦争が始まる、というのです。

　プラトンは当然、戦争に反対して、「最悪のもの」だと考えています。しかも、「戦争の原因はお金だ」と考えているのですが、『ポリテイア』では「それについては判断を差し控えましょう」とソクラテスが述べて、国が大きくなっていく原因と戦争の関係については、それ以上は論じません。

▌軍人という職業が、なぜ必要になるのか

　さて、戦争は不可避である。誰もやりたくないかもしれないけれど、戦争は起こってしまう。こちらで攻めなくても攻められたときには応戦しなくてはいけない。そうすると、戦争をするためには軍人が必要となる……。

　このあたりから、「もしかすると、正義や不正に関係があるので

はないか」という気がしてきます。

「ポリスには軍人という職業が必要ではないか」というのは、当時のギリシアのなかでは、かなり斬新な考えでした。

当時のアテナイや他のポリスでは、普段は農業や商業、工業に携わる普通の市民が、戦争になると戦士として駆り出されていたわけです。しかし、それでは普段から鍛えていないので、戦士としてはやや不十分です。それに、農閑期は戦えるけれども、農繁期は戦争できないという問題もあります。

それに対してプラトンは、「本当の軍人とは、きちんと普段から訓練している、いわば職業軍人でなくてはいけない。もっといえば、常備軍が必要だ」という提案をします。

そのためには、きちんとポリスを守ってくれる人たちを教育しなくてはいけません。軍人はポリスを全体として守る守護者で、後に支配者になる人ですが、ポリスが徐々に拡大していくと、そういった人たちが必要になってくるという話になります。

彼ら軍人たちポリスの守護者には、おもしろい特徴があります。それまでの1人ひとり別の職業を持つ人たちとは、まったく違う性格を持っているのです。どういうことか。

たとえば私が畑を耕して農作物をつくっているとしたら、別に私はポリス全体のことは考えているわけではありません。ただ、自分の作物をつくり、いっぱいできたら周りの人に分け与えようとします。

大工の場合も、家を1軒建てて、2軒めを依頼されたので引き受けても、それで忙しくなると「ちょっとごめんなさい、3軒めは待ってくれ」ということになります。

しかし、軍人というポリスの守護者は、「ポリス全体のことを配慮する人」です。

つまり、他の職業とは違い、「1つのポリスの全体を見る人」が新

しく登場して、ポリスという共同体の要になっていくのです。

　ここから、フォーカスはそのようなポリスの指導者に移っていきます。では、どういう人がこれにふさわしいのかという議論を始めて、次の教育論に移っていくわけです。

　以上のような議論を通じて、そのなかで「正義や不正はどのように生じるのか」という議論をこれからしていくための材料をつくっていきます。正義がどこにあるかは、まだちょっとわかりません。なんとなく戦争のあたりで、正義や不正が関わりそうですが、まだ出てきません。

　このように、「何が正義で、何が不正か」ということを検討するための道具立てをしているのが、第2巻の議論です。

日本の小学校で「音楽、体育」を学ぶのもプラトンの影響？

　第6講では、ポリスや国家に守護者や軍人が必要となることが論じられました。そのような守護者や軍人を育てるために必要なのが教育です。その視点から、言論によるポリス建設で、今度は教育について議論されることになります。

　そこで守護者や軍人に必要だとして語られている教育論は、初等教育と高等教育の2段階です。初等教育は学芸と体育の2本柱で構築されます。驚くべきことに、実は、この2段階の教育論は、現在の日本の学校教育にも影響を与えているのです。

　また、初等教育に関する議論のなかでは、詩の是非についても論じられます。古代ギリシアでは、ホメロスやヘシオドスの詩を勉強して、徳を学び、立派な人間になりましょうという教育が行なわれていました。しかしプラトンは『ポリテイア』で、そのような詩で教育することが本当に正しいのか、問題提起を行なうのです。

ポリスの守護者を育てるための2つの教育論

　言論によるポリスの建設を進めていくなかで、「ポリス全体を配慮する人が必要である。それは軍人であり、守護者になるべき人だ」というところに話が進みました。

　では、彼らはどういう人であるべきなのでしょうか。

　当然、さまざまな資質が必要です。人の上に立ち、全体を配慮しなくてはいけないのですから、知恵があり、勇気があるということになります。

「そこで重要になるのは教育だ」ということで、教育論が始まります。

　教育は、ギリシア語では「パイデイア（paideia）」と呼ばれますが、プラトンの『ポリテイア』という本は西洋哲学史上、あるいは西洋学問史上、最大の教育論の本です。いまでも教育学において古典になっています。

　パイデイア論は、『ポリテイア』では2カ所にわたって語られます。1つは第2巻から第3巻のあたりで、私は「初等教育論」と呼んでいます。日本でいえば小学校ぐらいの子どもたちを対象とするものです。

　さらに、「イデア論」が出てきた後の第7巻にもう1度、教育論が出てきます。こちらは、いちおう「高等教育論」と呼びますが、国のトップになるよう選抜された人の受ける教育であり、哲学教育です。現在でいうと、大学教育にあたると考えていただけばいいでしょう。

　これら2段階の教育が組み合わさって、ポリスの教育が語られるので、本講から、それらの2カ所を並べて紹介していきたいと思います。

これは軍人や守護者のための教育として語られていて、その選抜に関わりますが、一部のエリートだけの教育とする必要はないと私は考えています。なぜかというと、理想的なポリスの場合は、たとえば農民であれ職人であれ、一定程度、教育に与(あずか)っていないと、うまく成り立たないからです。

　彼らがまったく教育を受けていないのでは、ポリスは成立しない。とりわけ最初の初等教育は全員が受けていると想定してもかまわないと考えています。

プラトンの2段階の教育論は、現代につながっている

　この2段階の教育論は、驚くべきことに現代までつながっています。もっというと、現在の日本にも直結しています。

　このように、論証なしに断定してしまうと、皆さんはびっくりされるかもしれません。

　現在の日本の小学校に、なぜ音楽と体育という科目があるのでしょう。音楽の授業で、ピアノに合わせてみんなで歌うことに、何かいいことがあるのか。もっといえば、体育は何のためにあるのか。

　体育という科目が西洋から明治時代の日本に導入されたときには、猛反対が起こりました。軍事教練なら意味があるが、体育などをしても何の意味もないではないかというのです。音楽についても同様です。

　そのとき、プラトンの『ポリテイア』が典拠になり、「そういうものなのだ」と説得したわけです。

　さて、では一方で、小学校、中学校、高校で、なぜ算数や数学を学ぶのでしょうか。

　算数や数学で教わる諸々の計算は、現代では計算機やコンピュータで済むことかもしれません。にもかかわらず、なぜ私たちは取り

組むのか。

　この答えは後半に出てきます。これは、知性を涵養するためなのです。

　プラトンがこの本で提案したことが、2000年間を通じて西洋の大学で受け継がれ、学校教育で採用されてきました。それが明治期に日本に入ってきて、私たちはいま、みんなが算数や数学を学んでいるわけです。

　そういう流れをちょっと意識して、お話を聞いていただければと思います。

初等教育の柱は「学芸」と「体育」

　初等教育論は第2巻の後半と第3巻にわたって行なわれ、2つの柱によってなされます。

　学芸と体育と訳しましたが、学芸は「ムーシケー（mousikē）」という言葉です。「ムーシケー」は「ムーサの技」という単語で、ミュージックも入ります。ですが、ここでは単なる楽器演奏ということではなく、言葉を伴う、すなわち詩を歌う、朗誦することが「ムーシケー」と呼ばれました。

「ムーシケー」という学芸と、「ギュムナスティケー（gymnastikē）」という体育の2つが、初等教育の柱になります。

　子どもたちは、どういう教育を受けるべきなのか。

　守護者になるような素質を培うためには、ムーシケーがカギになるでしょう。では、ムーシケーはどうすればできるのかというと、「言論」によってなされる。ここは「音楽」と訳すとまずいところです。

　言論には、「真実の言論」と「嘘の言論」があります。嘘というと過激ですが、フィクションということです。子どもの教育にはフ

■ 守護者の初等教育

魂の「学芸（ムーシケー）」
身体の「体育（ギュムナスティケー）」

⇒学芸が先
　魂を形づくる：「徳を目指し立派に語られた物語を聞くように配慮」
　守護者が、神を敬い、人間に可能な限り神的になることがめざされる
　　⇒現在の多くの物語は追放（ホメロス、ヘシオドスなど）

ィクションのほうでいい、むしろフィクションがふさわしいのだという議論になります。

　フィクションとはどういうものかというと、古代ギリシアで代表的なものは、ホメロスやヘシオドスの詩でした。ホメロスのつくった『イリアス』や『オデュッセイア』、あるいはヘシオドスのつくった『神統記』や『仕事と日』といったものを子どもたちは聞いて、そこから何かを学んでいく。そのような教育が、念頭に置かれています。

　つまり古代ギリシアでは、子どもたちは詩などを勉強することによって「徳」をめざし、物語に出てくるような立派な人になるべく教育を受けましょう、とされていました。いまの日本の小学校でいえば、むしろ国語や道徳のほうが近いと思います。

　しかし、ソクラテスたちがここで言論によって建設しようとしているポリスは現実のポリスではありませんので、ここで「普通に使われている素材ではまずいよね」という話になります。
「これまでみんなが勉強して、ソクラテスも学んできたホメロスやヘシオドスの詩を、そのまま使うのは、教育上よくないのではないか」ということです。

なぜかというと、それらは非常におもしろいのだけれど、子どもたちに聴かせて教育上のプラスになるとは必ずしも思えないことをたくさんいっているからです。「それをチェックしよう」というこ

壺に描かれた『オデュッセイア』の主人公オデュッセウスと怪物セイレーン（紀元前480年〜紀元前470年頃、大英博物館蔵）

とで、文芸論が始まります。

　ホメロスの詩を1行、2行ずつ引用して、「これはどうだろう」「これは、やはりまずいですね」「ちょっとおかしいのではないか」というような議論が繰り広げられていきます。

　ここは教育論のなかに現代でいう「文芸批評」のような要素が楽しく織り込まれているので、文学に興味がある人が読むと、おもしろいところです。

「神々の語り方」に関する2つの規則とは

　たとえば、どういうことか。一番重要なのは神についての語り方です。

　ギリシアは神々を信仰し、祭りをしている社会なので、ポリスのなかで、神は当然重要です。神がどういう存在で、人間は神にどういう態度を取るべきかを、子どものときから学んでいかなくてはいけません。

　そのときに、ホメロスやヘシオドスが語る、いわゆる「ギリシア神話」と呼ばれているような話はどうなのだろうか、ということで

す。

　ここで2つの規則を、ソクラテスは示します。

　1つは、「神というものは善い存在なのだから、人間にとって悪いことの原因にはならない」。

　これは、わかるでしょうか。たとえばギリシア神話では、神はちょっと悪さをして、人間を罰してみたり、気まぐれに人間を殺してみたりする。ひどい話ではありますが、ギリシア神話にはそういう話が出てきます。ゼウスがきれいな女の子を誘惑したり、かわいい男の子を連れ去ったりするわけです。

　しかし、ソクラテスは「善なる存在である神がそういうことをするわけはない」といいます。

　子どもたちに、神が悪さをする話を聴かせると、「神だって悪いことをするんだから、人間だってちょっとくらいは悪いことをしていいよね」というようになってしまいます。たとえば、ゼウスは父親のクロノスを追放したとされますが、「だから父親を追放してもいい」というように捉えられると、大変なことになります。

　ですから、そういったことにならないように、「神は善なるものであり、けっして悪いことの原因にはならないことを規則として導入すべきである。そういう詩しかつくってはいけないし、歌ってはいけない」というわけです。

　2つめは、「神は姿を変えたり、嘘をついたりしてはいけない」ということです。

　これもギリシア神話的には大変なことで、そうなるとほとんどのギリシア神話はなくなってしまうと思います。「ゼウスが変身する」「女神アテネが姿を変える」、そういう話がダメだということですから。

　なぜ、「姿を変える」のがいけないのか。

「変わる」ということは、「善いものが悪いものに変わる」か、「悪

いものが善いものに変わる」ことです。しかし、神は絶対的に善いものなのだから、変わりようがないのだというわけです。これは非常に論理的です。

ともあれ、神が自分の姿をわざと変えることはありえない。では、神々は人々に（自分たちが変わったといった）誤った考えを植え込んでいるのだろうか。

それは人々に嘘をつくことになる。しかし、真実を知っているはずの神がわざわざ虚偽を語るということは、あってはならないことだというのです。

▌悪しき学芸は心身のリズムを乱す

この2つの規則が導入されるのは、第1講で紹介した、カール・ポパーのような考え方からすれば、言論統制のように見えるかもしれません。しかしプラトンからすれば、「子どもにはそういう話を聴かせてあげないと、本当に健全な心は養えない」という理想的な教育論になるわけです。

しかも、現に教えられているホメロスやヘシオドスの詩はけっして善いものとはいえず、むしろ悪い影響を与えているのではないかということになります。

そのように悪い影響を与える詩を聴くとどのようになるか。

たとえば、単に、変なことをする神様や、怒り狂うアキレウスのような悪いふるまいの真似をしてしまうとか、そういうレベルだけではない。心のリズムが狂ってくるというのです。

これは非常におもしろい議論です。詩や歌は韻律を踏んで踊り歌うもので、韻律にはたとえば、勇ましいリズムやしっとりしたリズムがあります。

この韻律の問題は難しいものです。軍歌をご存じでしょうか。行

進するときなどに歌ったり演奏したりする、勇ましい、あの軍歌ですが、あれがフワフワッとしたメロディであれば、行進できません。

　ということは、心をピシッとさせて、戦いに備える人間になるためには、それに合ったリズムが必要だということです。これも「ムーシケー」の一部だということです。

　いまでも、教育の全体にわたって、魂を善い形にしていくことがめざされます。子どもの魂はまだ可塑的なので、どのように変わるかわからない。間違えると歪んでしまうかもしれないし、野放図になってしまうかもしれない。

　それをちゃんと整えるために、この第1段階の教育で素養をつけて、善い大人になるための準備をするのが初等教育になります。

　体育には当然、体と心、両方のバランスが必要であり、体だけを鍛えてもダメだといいます。体を鍛えるのは、心のバランスを取るために重要なのです。

　つまり、心ばかり逸っても、体がついていけないと、心もうまく働かない。心・魂を鍛えるために、こういう教育をしようという発想になります。

哲学者になるために「数学」「天文学」「音楽理論」が必須？

　高等教育は哲学者をめざす哲学教育のステップです。哲学を学ぶ人間は、算術と平面幾何学に始まり、立体幾何学、天文学と音楽で完成する5つの数学的諸学科を学ばなければならないとプラトンは説きます。

　なぜ、数学が必要なのでしょうか。さらにいえば、天文学や音楽がここに入っている意味は何なのでしょうか。

　ひと言でいうなら、数学によって、人は感覚的世界から離れ、純粋に抽象的思考に至ることが可能となるからです。抽象的思考ができる訓練を経た者だけが、哲学を学ぶことができる。むしろ、そのような訓練を経ずに哲学を学ぶことは危険ですらある。プラトンはそう説くのです。

　プラトンが説く高等教育論と初等教育論の間にも、人間形成の秘密が隠されているのです。

健全な魂を育む初等教育から、高等教育へ

　プラトンはポリスの建設にあたって、子どもたちの教育をしていくためには2段階の教育プログラムが必要だと述べます。初等教育の部分については第7講でお話ししました。

　現在の日本であれば、小学校にあたるような、比較的まだ素直な段階で、ムーシケー（学芸）とギュムナスティケー（体育）の2つの柱によって子どもの魂を健全な形でつくりあげていく。

　そのときに、「神が嘘をつく」とか「神が人に害を与えている」といった間違った考えは避ける。それにより、正しく勇敢な心を培っていくのが、プラトンの説く初等教育でした。

　たとえば、英雄が「死ぬのは嫌だ」と嘆くようなシーンも御法度です。なぜかというと、これから戦士になる人たちなので、勇気を培わなくてはいけないからです。そのような教育を行なうときに、「英雄が嘆いている」などといったシーンはダメなのです。

　その話が終わった後、次は『ポリテイア』の第7巻で2つめの教育論がなされます。そこまでの間はだいぶ空いていて、そこに以後の講義でお話ししていくことが挟まってくるのですが、いったん先に飛ぶことにして、2つめの教育論を語っている部分を見ていきます。

　ここで話されるのは、選抜されて国のトップになる人のなかでも、さらにトップになる人が受けるべき究極の教育です。現在でいえば、大学で行なわれている高等教育のようなものですが、それが2つめの教育論、『ポリテイア』第7巻における「数学的諸学科のカリキュラム」です。

■ 哲学者になるための5つの学問

（1） 数と計算

（2） 平面幾何学

（3） 立体幾何学

（4） 天文学

（5） 音楽理論

指導者たる哲学者になるための5つの学問とは

　ここでは、「哲学者が国の指導者になるべきだ」という理論を述べた後、「では、どうやって哲学者を教育すべきなのだろうか」という問いに入ります。

　哲学者は、自動的にできるわけではありません。長年をかけてカリキュラムに沿った勉学を磨いていって、ようやく一人前の哲学者になれるわけです。では、それをどうやっていくのかというプログラムが示されます。

　それは「数学」に関連する5つの科目を順番にたどることによって到達するといいます。

　ここでは順番も重要で、最初は算術（数と計算）です。2番めが平面幾何学、3番めが立体幾何学、4番めは天文学、そして5番めが音楽理論です。

　最後の音楽理論は「どうして？」と皆さんはお思いになるかもしれませんが、ともかく、これらを順番に上昇していく。そして、5つの学問を修めた後に哲学がくる。それが、高等教育論になります。

順番に説明していきますが、以上の6つは1つずつステップを踏んで上がっていくことになっています。

　何を上がっていくのか。実は、「私たちが生きている、常に変化してすべてが変わりつつある生成変化の世界」から、「純粋な永遠不変の実在の世界」へと、ステップごとに上がっていく構造になっているのです。

　もっというと、私たちが感覚的な世界に生きているなかから、知性の世界へと上がっていくための教育プログラムです。

　これは、「魂を健全につくっていきましょう」「ちゃんとした考えを持ちましょう」という初等教育とは、だいぶ違うプログラムです。

数と図形を知ることから、抽象的な思考へ

　では、どのようにそれがなされるか。

　最初に数の問題と、計算。単純にいえば、数をどう扱うかということです。

　計算というと、小学校で私たちが一生懸命計算ドリルをやるようなものだと思われるかもしれませんが、計算が速くできればいいわけではありません。数という「理念」を知らなければならないのです。

　たとえば、1や2というのは何でしょうか。1と1が合わさると2になります。しかし、1とは何でしょうか。実際には、ホワイトボード1枚も1だし、マーカー1本も1です。これらを合わせて「2」といえるのかどうかです。

「1+1＝2」というのは、一見、当たり前のことをいっているように思えます。しかし、モノを「数」で捉えていき、「数と数の関係」を見ていく思考が、実は「非常に抽象度の高い思考」なのです。

私たちの現代の教育にもありますが、「数を数自体として扱うことができる」のが算術です。以上が最初のステップです。

　これは、「私たちが日常生活の感覚の世界から少し離れ、知性が目覚める最初のきっかけを与えてくれる」という意味になります。「数の世界」は不思議なもので、普段見ているのと全然違う構造があったりする。純粋に知的な刺激として、私たちを楽しませる。

　最初の段階での、こういう教育が、真理探究の糸口になるわけです。

　ここはまだスタート地点で、やがて平面幾何学に展開されていきます。

　私たちも小学校あたりから、「平行四辺形とは」とか「三角形Aと三角形Bは相似か」といった図形の問題に取り組みます。そういうことを通じて何ができるか。

　たとえば、「この図形とこの図形が相似である」と考えることを通じて、実は、私たちの頭のなかで「純粋な三角形」というものが理解されるわけです。

　直角三角形のうちの1辺が2で、別の1辺は1だとすると、それだけで、どのような三角形か、みんなが理解できます。さらにいえば、そのような2つの直角三角形の2辺の比率が対等で、長さが2：1であれば、2つは2：1の相似形であり、面積比は4：1だということになります。

　こういうことができるのは、「抽象的な図形を通じて、純粋に理論的で知性的な働きができる」ということです。このような能力を訓練していくのが幾何学というものです。

　平面幾何学よりも立体幾何学のほうがさらに複雑です。立体幾何学を用いれば、三次元でできているこの世界を抽象的に把握することができるわけです。

「天文学」「音楽理論」と数学の深い関係

　さらに、「天文学」というのは、実は立体幾何学の応用であり、拡大版にあたります。宇宙全体が、1つの理念的な運動体なのです。

　現代に生きる私たちはあまりそのように捉えていないと思いますが、古代ギリシア人は「1年の間に星が1周し、太陽が1日1回ずつ運行することが、世界が永遠に動いていることの現われだ」と感じていたわけです。さらに、その運行は数によって秩序づけられていると考えていました。これはピュタゴラス派的な考え方です。

　そうすると、天文学を把握することは、「数学によって宇宙を知る」ということなのです。こういうと、ガリレオ・ガリレイのような感じですが、実はガリレオやケプラーという人はプラトニスト（プラトン主義者）の末裔なのです。

　つまり私たちは、実は数学を通じて、頭のなかで起こることだけでなく、宇宙全体の構造を理解することができるのです。

　そのときにプラトンはおもしろいことをいいます。「目をこらして天体を見るのではない」と。

　もちろん見てもいいのですが、見ることではいろいろな誤差が生じてくる。だから、見ることではなく、「計算によって宇宙の運行を把握することが、天文学だ」というのです。

　そして、その次に来るのが「音楽理論」です。

　音楽も数の比率です。私たちは、音楽を聴くことによって「きれいだな」「バッハはいいな」「ベートーヴェンは美しいな」と思うかもしれません。

　1オクターブ（8度）などの言葉を聞いたことがあるかもしれませんが、音階や和音は、実は、「1度、2度、3度、4度」などといった音と音の比率でできているのです。その比率によって響きが変わっ

てくるので、その原理を把握するのが音楽という学科だというわけです。

それも、先ほど「天文学を学ぶ人は、上を見ているだけではダメで、上を見ずに計算によって考察するのが大事だ」といったのと同じように、「音楽は、耳と器具で行なうものではない」というのです。

一生懸命に耳を澄まして、「この音とこの音はこれぐらい離れている」と測るのはダメな音楽である。むしろ音楽理論、つまり「数学で成り立つ本当の音楽」でなくてはいけないといいます。

音楽は、いままでの「ポリテイア＝国のあり方」の話とは無縁のように思われるかもしれません。しかし、ピュタゴラス派

■ ピュタゴラス音律

音名	Dからの音程	計算式	比率
A♭	減五度	$\left(\frac{2}{3}\right)^6 \times 2^4$	$\frac{1024}{729}$
E♭	短二度	$\left(\frac{2}{3}\right)^5 \times 2^3$	$\frac{256}{243}$
B♭	短六度	$\left(\frac{2}{3}\right)^4 \times 2^3$	$\frac{128}{81}$
F	短三度	$\left(\frac{2}{3}\right)^3 \times 2^2$	$\frac{32}{27}$
C	短七度	$\left(\frac{2}{3}\right)^2 \times 2^2$	$\frac{16}{9}$
G	完全四度	$\frac{2}{3} \times 2$	$\frac{4}{3}$
D	一度	$\frac{1}{1}$	$\frac{1}{1}$
A	完全五度	$\frac{3}{2}$	$\frac{3}{2}$
E	長二度	$\left(\frac{3}{2}\right)^2 \times \frac{1}{2}$	$\frac{9}{8}$
B	長六度	$\left(\frac{3}{2}\right)^3 \times \frac{1}{2}$	$\frac{27}{16}$
F#	長三度	$\left(\frac{3}{2}\right)^4 \times \left(\frac{1}{2}\right)^2$	$\frac{81}{64}$
C#	長七度	$\left(\frac{3}{2}\right)^5 \times \left(\frac{1}{2}\right)^2$	$\frac{243}{128}$
G#	増四度	$\left(\frac{3}{2}\right)^6 \times \left(\frac{1}{2}\right)^3$	$\frac{729}{512}$

の宇宙論では「天体が運行する宇宙全体が、音楽を奏でている」という発想がありました。おそらくプラトンも、そういうことを考えていたのではないかと思います。

数学的諸学科を経て、哲学をスタートする意味

数学を、数から平面、立体、宇宙、そして音楽と学んでいくこと

によって、私たちは「万物を知性によって抽象的に捉えることができるようになる」。そこができると、ようやくスタート地点に立てるというわけです。

　それまでに何年かかるかわからないので、けっこう大変です。

　何のスタート地点かというと、ここから始まるものこそ「哲学」です。つまり、哲学は、その準備ができた者のみに許される最後の学問なのです。

　この最後の学問は「ディアレクティケー（dialektikē）」と呼ばれます。これは「議論を通じて純粋に理念や論理を追究する学問であり、それによってすべてを把握する」ということです。

『ポリテイア』に登場するソクラテスは、ここであまり詳しい説明をしてくれず、「ここまでついてきてくれてありがとう。でも、これから先はうまく説明できない」といっています。

　プラトンは他の対話篇、もっというと後期の対話篇でさらに詳しく、この議論を展開していきますが、『ポリテイア』では教育プログラムを提示することによって、そのような哲学についての考え方を示しています。

　哲学者は、数学的な諸学科をすべて経たうえで、「ディアレクティケー」をマスターすることによって完成する。つまり、善いとか悪いということ、あるいは正義ということを見ることができるようになる。

　そういう哲学者が、政治家になるべきだ。また、第12講で「洞窟の比喩」を紹介しますが、「そういう哲学者が、抽象的にイデアを把握したうえで、洞窟のなか（＝この世界）に戻ってきて政治を行なうと、私たちはかろうじて幸せを実現するかもしれない」という話につながっていきます。この話は後ほど、検討していくことになります。

知性の訓練を行なわないと危険ですらある

『ポリテイア』の教育論のまとめとして、2つの段階の教育論がどうつながっているかということをお話しします。

初等教育論と高等教育論は、『ポリテイア』の巻のなかで、やや離れた場所に置かれています。また、教育が与えられる時期も少し離れています。真ん中で、少し間が空いているのです。

どうして、そうなっているかというと、2つが合わさることで、完全な人間ができると考えるからです。

私たちは、子どものときには「これが正しい」「これは間違っている」ということを、まず親や先生から教えてもらわなくてはいけません。つまり、「子どもも自由なのだから、個性を発揮して何でもありだ」といっていると、本当に善い人は育ちません。

やはり、「これはやってはいけない」「これは行なうべきだ」、あるいは「現在の学問では、これが正しいといわれている」ということを、ひと通り学ぶ必要があります。少し受け身かもしれませんが、そうやって形成された信念をきちんと保持すると、まず、健全な魂ができるのです。

それを少し後になってから、もう1度、批判的に再検討するのが高等教育です。

つまり、「あのとき学んだことは、いったいどういうことだったのか」「本当に根拠があったのだろうか」、場合によっては「あのときいわれたことは不正解で、間違っていたかもしれない」ということを、今度は自由に考え直すのです。

それをするためには、「知性の開発」が必要です。その訓練をきちんと行なっていないと、伝統や社会通念に対して無闇に破壊的になりがちで危険なのです。

だから哲学（『ポリテイア』では「ディアレクティケー」と呼ばれます）を学ぶためには、ある程度の年齢に達していないといけません。若者にいきなり哲学を学ばせると、議論で人を攻撃し、否定して破壊するだけで終わってしまいかねません。

　すべての教育ステップを踏んだ後、哲学を身につけた者だけが、いままで行なってきたことの意味と欠点を見ることができる。それにより、自分が初等教育と高等教育の双方を合わせた人間として完成する、ということになります。

　これが、プラトンの示した高等教育、もっといえば哲学のあり方です。

『ポリテイア』のなかでは、一部のエリートしか本当のゴールまでは到達できないという話になっていますが、実は、人間が人間である以上、全員が知性的であると書いてあるところもあります。それを踏まえていうと、けっして「（守護者以外の）他の人は関係ない」ということにはならないと思います。

　私たちも、できればそういう人間形成をすべきだというプログラムを、プラトンは示しています。

　そして、このようなプラトンの考え方に影響されて、第7講の最初にお話ししたように、実はその後のヨーロッパの自由学芸（リベラル・アーツ）や大学のプログラムがつくられました。そしてそれがさらに、現代の日本や世界中の高等教育の基礎となる教育論へと続いているのです。

　これが、「哲学が万学の基礎になっている」ことの意味にあたります。しかも、プラトンに始まる「哲学」の理念は、数学を基礎にしているところが、まことに興味深いところだと思います。

理性・気概・欲望…ポリスとの
類比でわかる「魂の三部分説」

　日本では『国家』という邦題で知られていることもあって、「国家論」を議論しているように思われがちな『ポリテイア』。しかし、本当のテーマは「魂（プシューケー）」であることを、これまで説明してきました。ポリスにおける正義・不正を見ることで、類比的に、人の魂を考察しているからです。

　いよいよ本講では、このテーマの中心的な部分ともいる「魂の三部分説」を見ていきます。これは、ポリスの階層（守護者・軍人・生産者）になぞらえて、魂にも3つの階層「理性・気概・欲望」があることを検討していく考え方です。

　この類比によって、正義や不正ということについて人間の心がどのように動くのかを、とてもわかりやすく説明していくのです。

正義と不正を説明するための「魂の三部分説」

　プラトン『ポリテイア』の議論を追ってきました。本講では魂というものの議論について紹介します。

　魂をギリシア語では「プシューケー」といいますが、このテーマは、実はいままでも何度か出てきていました。覚えていらっしゃるかと思いますが、ポリスの正義を考えるにあたって、「魂」と「ポリス」との類比がなされたところ。そして、初等教育論のところでは学芸と体育という2つのプログラムが「魂の教育」であると語られていました。

　実はこの『ポリテイア』という対話篇では、「魂」が本当のテーマではないかといわれます。国家論を議論しているように見えるかもしれませんが、全体のフォーカスは「魂のあり方」にあるのではないか。

　その意味で、本講でお話しする話は、中心テーマに関わっているとご理解いただけると思います。

　プラトンの「魂論」では『パイドン』という対話篇に出てくる「魂の不死論証」が有名ですが（拙訳、光文社古典新訳文庫）、『ポリテイア』では、少し違う角度から魂について検討がなされていきます。どう違うかというと、本講でお話しする「三部分説」、つまり「魂は3つの部分から成り立っている」という新しい説をプラトンが唱えているのです。

　なぜ、そんな議論をするのか。それは、「正義」と「不正」を説明するためです。

　これは、少し先の講義で見ていきますが、『ポリテイア』の第8巻〜第9巻で「不正」を課題としていくなかで、「欲望」の問題が大きくなっていきます。そのことについて考察するために、「魂には違

う能力（部分）があるのだ」という考えを導入する。それが本講の話になります。

　さて、すでにお話ししたように、「正義とは何か」を考えるにあたって、「ポリス」と「魂」の2つを類比関係で捉えるのが、この議論の進め方です。

　ポリスの正義、つまり社会の正しいあり方と、人の正しい生き方というのは、大きな正義と小さな正義という形で、いわば類比関係になっているという話でした。そのなかで、最初にポリスを見ていこうという話をしていたわけです。

ポリスと魂を見比べていく間に正義が輝き出す

　ここからは、魂のほうに目を向けていきます。なぜならば、正義はおそらく、ポリスにも魂にも、どちらにもあるわけです。

　ポリスの正義において、正しい社会と正しい個人のあり方を見比べていくと、両方を代わる代わる見る間に「正義が輝き出す」——プラトンはそのような、やや文学的な表現を使っています。

　要するに、正義とは何かを見るためには、ポリスの正義と魂の正義の両方を見比べながら考えていくという方針です。

　とはいえ、これで正義が全部わかるかというと、実はもう少し長い道のりが必要だということもいわれるので、ここは暫定的なお話だということをお断りしておきます。

　さて、この議論は『ポリテイア』第4巻で行なわれる議論ですが、けっこう複雑なので、要点をごくかいつまんでお話ししたいと思います。

　正義というのは4つの徳の1つです。正義をはじめ、知恵、勇気、節制で、合わせて4つです。「ポリスにも魂にも徳があるはずだが、

それはどうやって実現するのか」ということを考えるうえで、「三部分説」という考えを用いてこの類比を捉えていきます。

『ポリテイア』のこれまでの巻で描いてきた人間のポリス（共同体）のあり方は、「役割に応じて3つのグループがあるのではないか」というものです。「階級」というやや近代的な呼び方はしませんが、いわば階層やグループがある。

1つは「生産者」のグループ。農業や工業や商業を営み、われわれが生きていくためのものをつくっていくような生産者たち。

そして、第6講でも少し話題になりましたが、国を守る軍隊、「軍人」がいます。

そして一番上に「守護者」と呼ばれますが、トップの政治家、国を守る人がいます。

軍人と守護者は、もともとはひとまとまりだったのですが、役割によって2つに区切られるので、最終的に3つのグループになります。

ポリスがこういう形でできているとすると、正しいポリスのあり方は当然、そのバランスが取れているということです。つまり、「守護者」は己の利益ではなく国全体の利益を考え、「軍人」は国を守るために自分の役割をきちんと果たし、「生産者」はもちろん自分で最大限に生産をする。

この3つの部分を考えていくなかで、4つの徳がどう実現していくかということを見ていきます。

理性・気概・欲望——魂のなかにある3つの部分

このような「ポリスの3つの部分」に対応して、一気に話を「魂」に持ってきますと、実は私たち1人ひとりの魂のなかにも、これに対応する3つの部分があるのではないか。

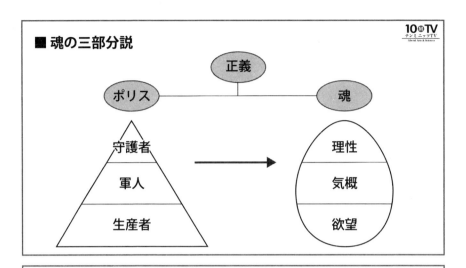

正義

ポリス ── ── 魂

守護者

軍人

生産者

理性

気概

欲望

正 義・知 恵・勇 気・節 制

　これは新しい提案です。社会のなかにこのような3つのグループがあるのは、いわれればそうかと感じられますが、魂のなかに3つの部分があるというのは、新しい議論になるのです。

　1つめは、われわれが「理性」と呼ぶもの、つまり知的な判断によって思考し、判断するという理性。

　2つめは「気概」です。日本語では「気概がある」といった表現以外であまり使いませんが、怒ったり、ガッツを込めたりするようなものです。

　そして、3つめに「欲望」というものがある。

　魂のなかにもこの3つのそれぞれの働きがあり、いわばポリスにおける3つのグループと同じように、それぞれが自分の働きをしている。場合によっては対立するときもある。それが「魂の三部分

説」という考え方です。

　この後でも、いろいろな議論によって、この3つの部分があるということを懸命に論証しようとしています。

　たとえば、欲望が「これがしたい」といったときに、理性は「いや、それは、いまはやってはいけない」という。そのとき、欲望が強いと、真ん中の気概を引き入れて、理性に対して「ノー」といい、理性の判断を抑えてしまうことが起こります。逆に理性が強いと、気概と協力して、「欲望よ、いまはやめておきなさい」とコントロールが利いていく。

　この3つの部分がそろっていることによって、実際に、魂のコントロールのバランスを取るのです。

　国でいうと、生産者の欲望は「もっと儲けたい」というところにあります。これが肥大化してしまって、本当の国の正しいあり方と違うことを言い出すと、真ん中の軍人の部分がどちらになるかが、キャスティングボートを握ることになります。

　守護者のいっている正しい判断が仮にあるときに、その指示にきちんと従う組織なのか。逆に、それに反抗するのか。

　こういうときに、2項対立でなく3つの部分があるのが、バランスを取るという意味では非常に良いわけです。

魂の三部分は4つの徳をどう実現しているか

　さて、これらが、正義、知恵、勇気、節制の4つの徳をどう実現しているのかについて、簡単に見ていきましょう。

　知恵はどこが持っているのか。もちろん、それぞれの部分に知恵があって、生産者の知恵もありますが、ポリス全体についての知恵は「守護者」が持っているものです。全体がどうすれば幸福になるのか、ポリスはどうなるかということは、守護者が司る。同様に、

魂においては「理性」の部分が知恵を持っています。

　勇気についても、もちろん、どの部分も持っていると思いますが、国全体の勇気を司るのはやはり「軍人」です。同じように、魂のなかでは「気概」の部分が勇気を持っている。

　そして節制。節制というのは自分の欲望をコントロールすることなので、3つめの部分に来そうなものですが、実は違います。「全体のバランス」が節制だというわけです。つまり、欲望と気概と理性すべてが、みんなで1つのことを合意している状態、喧嘩（けんか）していない状態が節制であるということになります。

　さて、問題の「正義」はどこにあるのでしょうか。

　ここはミステリー仕立てになります。いまいった3つの徳で、すべてが尽くされているのではないか。いや、気づかなかったけれども、この秩序を成り立たせている原理自体が「正義」なのではないか、という話なのです。

　つまり、1つひとつの徳をどう実現するかよりも、もう少し根本的に、3つのバランスをちゃんと成り立たせる基本がある。

　プラトンの定義でいうと、「自分自身のことをなす」ということになります。それぞれが自分の「分」をわきまえて自分の仕事をするということが、まさに正義だということです。

▌プラトンの考える正義は、現代の水準より深い？

　このように考えると、正しいポリスには4つの徳（正義、知恵、勇気、節制）がすべて成り立っているし、正しい魂にはこの4つがきちんと成り立っている。その基本にあるのが正義ではないか。それが第4巻の「魂の三部分説」のところに出てきている、かなり大雑把な図式です。

　こうして、「正義とは何か」という規定が、いちおう出てきまし

たが、これを最終規定だと思ってはいけません。これはあくまで、「魂の三部分説という枠組みでいえば、こう捉えられる」という暫定的な説明です。

　なぜ暫定かというと、正義とは何かについて、まだまだ足りないことがあるからです。後半部で続いていくのが、その議論になります。

　現代の私たちの目から見ると、いま私が説明した「正義」の規定には、「えっ、何？」というところがあります。

　たとえば、現代のジョン・ロールズ、あるいはマイケル・サンデルのような人たちが正義を論じるときには、「他人にどうするか」という対他関係が重要になります。「人に正しく分配する」とか「悪いことをしたら罰する」などということですが、プラトンはそういうことは全然いっていません。

　これは、けっこう不思議です。「正義とは自分が自分のことをすることだ」というだけで、他人のことは出てこない。

　これは解釈のしどころなのですが、私はプラトンが考えている正義は、単に人々の間でどのようなことをするかという行為のレベルではなく、それを成り立たせる基本、つまり「正しいあり方」というものを議論しているのではないかと考えます。

　ですから、現代の正義論とはあまり重なることなく、それより「さらに深いところ」にプラトンは目を向けている。

　正義とは、秩序立ったあり方を成り立たせる基盤にある。では、その秩序はどうすれば成り立つのか。それを見せてくれるのが、この第4巻の議論ということになります。

　この後の議論では、これを基本にしてさらに考察が進んでいくことになるので、ぜひ「魂の三部分説」をいったん押さえたうえで、正義の議論の行方を追っていただければと思います。

男女同業？ 妻子共有？ 私有財産廃止？…プラトンの真意とは

　「中心巻」と呼ばれる『ポリテイア』第5巻〜第7巻は、これまでの「正義とは何か」という議論に対するある種の「脱線部」として、「不正とは何か」という議論の前に置かれています。

　理想のポリスを考えるうえで、「コイノーニアー（共同・共生）」というキーワードが出てくるのですが、『ポリテイア』に登場するソクラテスは「コイノーニアーをめぐって3つの大波が来る」と主張します。

　その1つめは「男女同業」。2つめは「妻子共有と私有財産の廃止」です。

　現代において、「男女同業」はともかく、「妻子共有と私有財産の廃止」はかなり過激な提案です。古代ギリシアの社会では、「男女同業」もかなり常識外れの議論でした。

　それぞれどういった意味を帯びたものなのでしょうか。そして、これを論じるプラトンの真意とは？

プラトン「対話篇」における「脱線」の位置づけ

「正義とは何か」という規定がいちおう終わった後、「今度は不正の話に進もうではないか」とソクラテスがいいはじめた途端に、ドラマ的に少しおもしろい展開になります。アデイマントス（兄）とポレマルコスの2人が出てきて、「先ほどの議論では足りないところがあります。ソクラテス、ちゃんとやってください」と、割って入るのです。

これまでの講義で、われわれはちょうど第4巻の終わったところまで見てきました。ここから現代の巻分けでいくと第5巻〜第7巻の3つの巻に入るのですが、ここで1つのまとまった議論が始まります。私は「中心巻」と呼んでいますが、この真ん中の3つの巻は、いわば脱線部なのです。

第1巻から始まった「正義は、善いものですか」「正義とは何ですか」という議論をした流れで、第8巻から「不正とは何ですか」という議論に入っていくのですが、その前の真ん中の部分では、正義の話はそれほど中心には出てきません。

つまり、話をしていくなかで出てきた疑問に対して、少々余分なことが始まるのです。これを「脱線」と呼びますが、プラトンの「対話篇」のなかでは、あちらこちらで脱線が起こります。つまり、いろいろな主題の対話で起こるのですが、それがいつも重要なところ、特に真ん中で起こります。

これはどういうことかというと、ちゃんとした議論をやっていて、「どうしても必要なことがあるから、もうちょっと深入りしよう」というときに出てきます。

そこで何が起こるかというと、だいたい「哲学とは何か」という問題が議論されていく。つまり、それが挟まらないと全体の議論が

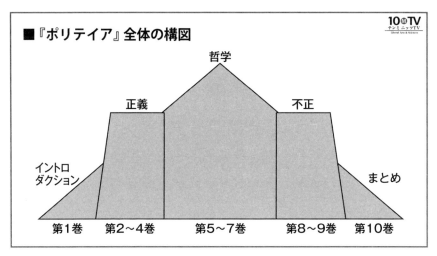

■『ポリテイア』全体の構図

哲学

正義　　　　不正

イントロ
ダクション　　　　　　　　　　　　　まとめ

第1巻　　第2〜4巻　　第5〜7巻　　第8〜9巻　　第10巻

うまくまとまらないということで、いわば「冠」のような感じです。

　では、『ポリテイア』の脱線部を、何講かにわけて見ていきましょう。

理想的な国家と「コイノーニアー」の問題

　アデイマントスとポレマルコスが「議論が必要だ」といったのは、ソクラテスが、「守護者」の教育やあり方について語るなかで「妻女の所有や結婚や子どもをつくることについて、できるだけ『友のものは皆のもの』にしなければならない」と述べたこと、つまり、妻と子どもはみんなが共同で有する「妻子共有」であるべきだといったことについてです。

　それについてソクラテスは少し触れただけでしたが、アデイマントスとポレマルコスは「それは重要な問題ではないですか。ちゃんといってください」というわけです。

　ソクラテスは渋々、「いや、それは避けて通ろうと思っていたのだが、まあ、いうとなったら全部やり直しだね」と語りますが、そ

れでもやってくれといわれるので、議論を始めるのです。

　何が「やり直し」かというと、いままで議論してきた「理想的なポリス、理想的な社会というものは実現可能なのか。そして実現可能だとしてそれは最善なのか」という議論を、もう1度やり直さなくてはいけないということです。「いままで議論してきたことは、実はまだまだ不十分だった。それを君たちはいま、要求しているのだね」というのです。

　そこでキーワードになるのが「コイノーニアー（koinōnia）」という単語です。

「コイノーニアー」というのは「共同・共生」を指す言葉です。「一緒にある」という意味ですから、「公共」と呼んでもかまいません。これがキーワードです。

　社会というのは共同性であり、人と人とが一緒に生きていくことである。これは何なのかということを考えるうえで、スキップしてきた問題を考えなくてはいけない。

　そしてソクラテスは、「コイノーニアーをめぐって3つの大波が来る」といいます。第1波、第2波、第3波と来るかもしれないが、それを越えなくてはいけないのだ、と最初にいって、1つずつ議論していくことになります。

第1の大波「男女同業」による共生がなぜ必要か

　第1波はどういうものかというと、「男女同業」です。

　男性と女性は同じ仕事をする。「男女平等」といってもいいかもしれませんが、理想的なポリスをつくったり考えたりするうえでは、男女同業による共生を考えなくてはいけないというのです。

　共生の1つめのポイントは、女性も男性と同じような仕事、教育が必要だということです。

これは、当時のギリシアでは驚くべき主張です。社会のなかで政治や公共の場所で活躍するのは男性で、女性は家庭のなかで家事あるいは家庭内の仕事をしていると、きっぱり完全にわかれていたのが当時の社会でした。その社会において、男性と女性がまったく同じ仕事をすべきだ、つまり女性も政治参加すべきだということをいったわけです。

現代の学者たちは、これを「フェミニズムの原型」であるとして、かなり肯定的に評価する傾向があります。現代のフェミニズムと同じというわけではありませんが、プラトンにいかに先見性があったか、もっといえば偏見にとらわれない議論をしていたかということの1つの目安にはなります。

当時の社会では、男性と女性が同じ教育を受け、同じ仕事をするのは、見た目からしてもかなりおかしいことだ、むしろ笑ってしまうようなことだというのが普通の発想だったと思われます。なぜかというと、「女性も裸でレスリングをするのですか」という話が出てくるからです。

古代ギリシアでは、男性が軍事教練をするときは、当時のオリンピックの競技会と同様に基本的には裸でした。いわゆるヌードで取っ組み合う、相撲のようなことをするわけです。では女性も一緒に取っ組み合うのか。

これは、聞いた人が皆「ワッハッハ。そんなバカな」と大笑いするような話ですが、ソクラテスは理性的に話を進めます。

「自然本性」が違っても仕事には関係ない

さて、それが実現可能かどうかについては、人間の自然本性がどういうものかということを考えなくてはいけない。「フュシス（自然本性）」ですね。

男性と女性の自然本性はどう違うのだろうか。もちろん違いはあります。子どもを産むなど、役割も違います。

　違いはありますが、たとえば、髪の黒い人とブロンドの人とで、IT産業の仕事をするときに能力は違うでしょうか。この場合、自然本性は違いますが、対応する仕事とは関係がないわけです。

　つまり、男性と女性では自然本性が違う、体の仕組みや能力の発揮の仕方が違う、ということはもちろんある。しかし、そのことと対応する仕事との相関関係はできているのかどうか、です。「黒い髪の人のほうがITに向いている」などと主張する人はいないわけで、それと同じようなことがあるのではないか。

　男性も女性も政治に参加して、国家全体のことについて配慮するという能力については、実は優劣はない。体力は少し違うかもしれないけれども、基本的な人間本性からいって、女性が政治参加しないことはありえない。これが実現可能性の議論です。

　これはある意味で、現代にも通じる画期的な議論です。男性と女性は、肉体的に違います。しかし、「だから、女性は向いていない」というのは、ソクラテスからいうと誤謬なのです。

　では、最善であることについてはどうか。

　これは、議論するまでもありません。「男性しか参加しない社会と、女性と男性が両方とも参加する社会は、どちらが善い社会になると思いますか。女性が参加したほうがみんなでパワーを共有できるでしょう」。

　この議論は現代とまったく同じだと思います。

　女性の能力を政治や社会に使わないほうがむしろ損なのだ。ではなぜ、ギリシア社会において女性が活用されていないのか。

　それは単なる偏見である。「女性が参加するのはバカらしい」「女性には能力がない」「裸で訓練するなんておかしい」という偏見によって、私たちが女性を排除しているだけなのだ。

だから、本当の理想的な「コイノーニアー」ということを考えるならば、男性と女性との敷居はない。もっといえば、初等教育から女性を全部参加させよう。

　このような提案が1つめです。これはかなり大きな波ですが、次の2つの波のほうがさらに大きくなります。

第2の大波「妻子共有」と「私有財産廃止」

　2つめの大波は、本講の最初にちょっと触れた「妻子共有」です。「妻子共有」というのは、やや変な誤解を招きかねない名称です。奥さんと子どもを共有するのは、男性パラダイスのように思う人もいるかもしれませんが、女性から見ると「夫子共有」なのです。これは忘れないでほしい点です。

　つまり、こういうことです。一夫一婦制ではなく、男性の相手は1人の女性に限らず、場合によっては複数でもかまわない。子どもも、みんなで共有しましょう。それは、逆に女性から見ると、女性も別に1人の男性に尽くす必要はない。つまり、男性と女性の組み合わせが自由になる。いえ、自由ではないけれども、少なくとも一夫一婦制でなくてもいい。

　そのためには、裏側にちょっと規則をつくって、本当にマッチングする人たちを娶せなくてはいけません。つまり、自分勝手に結婚すると変なことが起こるので、ちゃんと素質が合った人同士をマッチングさせよう、などといいます。

　現代では、この議論ははなはだ評判が悪く、「優生思想だ」とか「裏からコントロールしていて、ちょっと嫌だ」という議論もありますが、プラトンはそういう提案をしています。

　なぜプラトンは、こんな提案をするのか。一見するだけではわからないのですが、大きな理念からいうと、この「妻子共有」の話と

「私有財産の廃止」の話がセットになっています。

「私有財産の廃止・停止」は守護者＝指導者に対する規則で、ポリスの全員に及ぶものではありません。

第9講でお話しした「三部分説」の一番上に位置する守護者＝指導者たちは、自分の私有財産を持ってはいけない。それはプライベート・プロパティ、すなわち土地や財産のことです。逆に、生産者は自分たちの財産を持っていてもいい。

そして、この2つ（妻子共有あるいは夫子共有と私有財産の廃止）はセットなのです。

なぜプラトンがこんなことをいうのかというと、それは「欲望」を解放しないためです。

政治をする人が自分の財産や自分の家族にこだわると、必ず不正が起こる。身贔屓をして、自分の財産を増やし、自分の家族に有利なようにする。つまり、なんだかんだといって、自分の身内や親戚をどんどん高位に取り立て、国を支配しようとする（ネポティズムと呼ばれます）。それは結局、自分の所有物を増やし、私利私欲をむさぼることである。

その抜け道をシャットアウトするために、こういうことを主張しているのです。

プラトンが家族制を否定した2つの理由

「家族をなくして、みんなが家族のようになる。指導者の階層では、皆が兄弟、皆が親子のような関係を築こう」というのはとてもユートピア的で、だからこそ逆にディストピア的な感じもするかもしれません。

このことをプラトンは、非常に真面目に主張しているのではないかと私は思います。われわれの欲望の根っこに「私のもの」、つま

り私の持ち物や家族ということが絡んでおり、それが必ず不正の温床になってしまうということです。

　そのために、こういう過激な提案をしましたが、弟子のアリストテレスはこの提案を徹底的に批判します。「これは非常にアンナチュラル（自然に反するもの）だ」というのです。

　自然本性というが、みんなが家族を持っているではないか。なぜプラトンは家族制を否定するのか。

　このアリストテレスの批判には、一理あります。ただプラトンは、これがないと本当の理想国家は実現できないのだという、かなり過激な提案を意図的に行なっているということが1点です。

　もう1点、これはやや裏の話になりますが、プラトンはピュタゴラス派的な魂の輪廻転生説を唱えていて、それを信じていたのだと思います。つまり、「われわれの魂は死んだ後で、また別の肉体のなかに入って蘇りを繰り返す」という宗教的な考えを持っていたのではないか。

　そうだとすると、家族というのは「たまたまのつながり」ということになります。つまり前世では、いま親である人は敵だったかもしれないし、いま子どもや兄弟である人はまったく赤の他人だったのではないか、ということです。

　そういうなかで、家族や血にこだわってしまうことは、むしろ理想的な社会を崩壊させる原因になる。これがプラトンの考え方でした。

　これで第1の大波「男女同業」、第2の大波「妻子共有」の2つを説明しました。この後は、はたして理想国家というのはどうすれば実現できるのだろうかという話に移っていきます。

船乗りの比喩…
「哲人政治」は理想か全体主義か

　「理想の国家」をめぐる第3の大波が「哲人政治」です。哲学者が訓練を積んで国を支配する、あるいは政治家が真正に哲学をする。「その2つのどちらかが成り立たない限り、人間にとって不幸は終わらない」と考えるのです。

　しかし、本当に哲学者は、政治をするのにふさわしいのでしょうか。

　その必要性と最善性を説明するために用いられるのが「船乗りの比喩」です。そこで出てくる船主、水夫、操舵手とは、どのような役割を担うべき存在で、いったい誰のことなのでしょうか。

　さらに「哲人政治」を実現するために必要なことは、どのようなことなのでしょうか。

第3の大波としての「哲人政治」

　理想のポリスをめぐっては、3つの大波があります。第1の大波（男女同業）と第2の大波（妻子共有）を無事切り抜けたソクラテスは、第3の大波に向かいます。第3波は一番大きい波になります。

　グラウコンはこのように問います。「いったい今後、こんなポリテイア（国制）は本当に可能なのでしょうか。絵に描いた餅ではないですか。可能だとしたら、どうしたらいいのかということを教えてください」。

　いままでは「これは素晴らしい社会だ」「これなら完璧だ」ということを言葉のうえで、けっこう自由勝手にいってきましたが、ソクラテスはここで「この話は、実現可能でなかったら意味がないでしょう」という問いに直面するのです。

　ソクラテスは、「できるだけ正義に近い、正しいモデルを描いてきたのだから、それで許してくれよ。画家だって、本当に存在しなくても、すごい美人や格好のいいものを描くではないか」というのですが、なかなかそれでは許してもらえません。

　そこでソクラテスは渋々と「それなら、できるだけ近い仕方でそれを実現する、おそらく唯一の、しかも最小限の変革をするアイデアはある」といって、第3の大波にあたる提案を話します。

　それが有名な「哲人政治」というものです。哲人は哲学者ですから、哲学者がこの世界の政治を行なうということです。

　彼はこういいます。

「哲学者がポリスで支配者になるか、現在の支配者が真正に哲学をするようにならなければ、ポリスにとっても人間にとっても悪がやむことはない」

　つまり、ちゃんと哲学者という資格を名乗れる人が守護者になる

か。あるいは現在、守護者の人が本当の意味で哲学者になるか。これら2つが同じことを意味するかは、実はわかりませんが、「その2つのどちらかが成り立たない限り、人間にとって不幸は終わらない」というのです。

　幸福と不幸というのは、ずっといままでの議論にありました。「正義は、幸福をもたらすのか」を考える場面で、この提案が出てきたわけです。

哲学と政治を両立させる「哲人政治」という理想

　さて、哲学と政治はどういう関係にあるか。いまもそうだと思いますが、水と油のような関係です。

　哲学は、真理を探究する。この世界（現世）については、あまり細かいことを気にせず、とにかく真理を純粋に探究したい。世俗的なことは気にしない。

　それに対して、政治は実際の駆け引きです。リアルな物事をいろいろと実際にやっていかなければならないので、哲学的なきれいごとをいっていては済まされない。

　通常この2つ、哲学者になるか政治家になるかというのは、いわば正反対の素質の伸ばし方です。

　しかし、そのままではいけない。この2つが合体するか、あるいは近づかないといけない。哲学者は哲学者、政治家は政治家というようにわかれたままでは、人類にとっての不幸は終わらない。

　これが「哲人政治」という提案です。

　これは、『ポリテイア』第5巻でいきなり出てきた考えのように見えますが、プラトンとしてはもう少し前から温めていた考えのようです。

『第七書簡』という彼の自伝的な著作のなかでは、「若い頃の政治的な挫折を経て、自分はこういう考えを抱くようになった」といっています。ですから、著者プラトンがずっと考えていた政治についての1つの理想像だといえると思います。

「イデア＝真理」を観ることを求め続ける哲学者

ここで疑問が2つあります。

1つめは、哲学者とはいったいどういう者なのか。2つめは、哲学者は本当に政治にふさわしいのか。この2つの疑問です。

1つめの疑問、「私たちが哲学者と呼んでいるのは、どういう者か」に対して、プラトンは「イデア論」によって答えていきます。これは少々テクニカルな議論なので、ここではお話ししません。プラトンのテキストをお読みいただくと、ある程度わかるかもしれませんが、いろいろ解釈が難しいところです。

ひと言でいってしまうと、哲学者とは「知を愛し求める者」という意味の単語で「フィロソフォス」、つまり「真理を観る」ことを求め続けている人ということになります。では、その真理とは何か。プラトンが「イデア」と呼んでいるものが真理にあたるのだということを証明していく議論に入ります。

ソクラテスが、「それがわからない」という想定の相手（実際にはグラウコンですが）に向かって、「イデアというものは本当にあるのだ。それを観なくてはいけない」ということを説得していくのが、第5巻でなされる「イデア論」です。

通常の私たちは、この世界を見て、正しいものもあれば不正なものもあるし、美しいものもあれば醜いものもあり、いろいろなものがあるという認識のもとに、この世界を生きています。しかし、「正しさそのもの」や「美しさそのもの」を観る能力はない。だか

ら、それはまだ哲学者とはいえません。

　むしろ、私たちが見ている世界の、多くのさまざまなものとは違うレベルのものを、きちんと観て取るのが、哲学者です。その、違うものが「イデア」と呼ばれる本当の真実、真にある存在ということになります。

　これだけの説明では少しわかりにくいかもしれませんが、次回（第12講）の「洞窟の比喩」のところで補っていきたいと思います。

哲学者を適切に利用しない社会と「船乗りの比喩」

　さて、仮にいまいったように、哲学者というものがイデア（真実）を観る存在だということになると、真理を観る訓練を積んだ人が政治家になるのは、いったいどういうことなのか。そのことについて、第6巻で議論が行なわれます。

　哲学者は、支配するのにふさわしいのでしょうか。哲学を勉強した人は、実際の役には立たないのではないでしょうか。

　人々は実際、哲学者など無視しているではないですか。まさに、いまの日本の社会もそうですし、どこの社会も同じです。「哲学者は役に立たない」と。それほど間違ってはいないかもしれませんが、私たちはみんな、そのように感じているわけです。

　それに対して、ソクラテスはここでどう答えるのか。これがなかなか見ものです。

「これは社会が、ちゃんと理解して利用していないだけなのだ、社会が哲学者の真の良さをわかっていないからなのだ」

　そのことを説明するために、「船乗りの比喩」というものを持ってきます。この「船乗りの比喩」は、わかりやすいものです。

　ちなみに、このあたりから次々と比喩が出てきます。比喩は、実際の物事を説明するために、わかりやすい別のものを例にとって説

明することですが、なぜ比喩がたくさん使われるのでしょう。

　それは、私たちがいま見ているものを「超える」ためには、想像力が必要だからです。つまり、私たちがいま、がんじがらめにとらわれている、この世界の見方から抜け出すためには、違う「ものの見方」が必要なのです。そして、違うものの見方を導入するやり方の1つが、比喩を使うことなのです。

「船乗りの比喩」は、こういうものです。

　ギリシア人は航海して商業をしている民族なので、方々へ船で行く経験を積んでいますが、そのなかでこういう人たちがいるでしょう、といいます。

　まず、船主（オーナー）。船主はお金があるだろうし、体の大きさや力は勝るけれども、実は判断力がやや欠けている。もっというと、どうやって船を動かせばいいか、自分ではあまりわからない人である。

　次に、水夫（船乗り）。彼らは、たしかに船を漕ぐときには役に立つのだけれども、自分たちが船をコントロールしているという自負を持ち、そう思い込んでいる人たちです。

　それと、操舵手（パイロット）がいます。操舵手は、船をこちらのほうに行かせるべきだとか、嵐が来るからこちらに避けるべきだという判断をする人です。以上がだいたいセットになって、船は動いています。

　では、水夫にとって船主とは何か。判断力がちょっと鈍いのが船主なので、「俺たちが漕いでいるのだから、自分たちが権力を持つべきだ」と彼を説得して、船をどう運航するかという船の支配権は自分たちに任せろ、と迫る。

　そして、舵取りをしている操舵手については、「いつもトップに立って空ばかり見ている。無能だ」というわけです。

　ここで船主と呼んでいるのは、実はポリスの支配者である民衆の

■ **船乗りの比喩**

船主：大きさや力はまさるが、知識や認識は劣る＝民衆
水夫：自分が舵取りと思い込んで相争う→舵取り術は教授不可能
　　　と主張
水夫は船主を説得したり強制したりして船の支配権を握る→それ
を手助けする者は彼を「舵取り」と呼ぶ
本当の舵取りは「星を見つめる男、不要な議論にうつつを抜かす男」

ことをいっているのです。つまり、民主制国家では市民権を持って
いるすべての人が、ポリスの主役である主権者です。その主権者
は、国をどうやって舵取りするかということについては、あまりよ
くわかっていない。

　そのときに、出しゃばって「いろいろやっているのは俺なのだか
ら、俺に権力を任せなさい」といってくる者がいる。その人は「い
ま、国の舵取りをしている操舵手は無能だ」という。

　では、船を運航するときに、船長や航海士のような操舵手たちは
何をしているか。

　空を見上げ、太陽や星を見ることによって、海の上で進む方向を
正確に計算しているわけです。

　にもかかわらず水夫たちは、「俺たちに任せておけ。こちらに行
けばいい。自分には勘があるから大丈夫だ」といいながら運航して
しまうかもしれない。それは、実際の船の運航としては危険なこと
だけれども、力と数によって、水夫たちが船主を説得してしまうか
もしれない。これが、1つの批判です。

　つまり民主制国家において、船主であるところの民衆はしばしば
「デマゴーグ」と呼ばれる政治家たちによって騙されている。本来
の政治をしていないのに、「自分に任せれば国は豊かになる。橋だ

ってつくるし、投資だって呼び込む」という人たちに騙されて、本当に正しいことを見ようとしている人、つまり星を見て、行く方向をちゃんと計算しようとしている哲学者をないがしろにしてしまうという比喩です。

　この比喩が非常にうまくできているのは、イデアという、この世界を超えるものを観るという話と、星を見るという話が重ねられている点です。

　たしかに空ばかり、星ばかり見ている人は無能に見えるけれども、実際には航海において一番重要な役割だという比喩になっているわけです。いかがでしょうか。

　以上のような説明を受けて、「哲人政治」というのは不可能だと思われているかもしれないけれども、実は一番合理的で正しい政治なのではないか、と述べるのです。ただし、実現はけっこう難しいとも思っているとも。

　これが、第3の大波です。

「哲人政治」実現の長い過程と「全体主義」批判

　第7巻の最後の部分、高等教育論の終わりのところから、こういう議論がなされます。

　実際に哲人政治をするためには、初等教育から高等教育に至る哲学者教育を全部経た人たちで、最後に残った信頼できる人に政治を任せなくてはいけないというのです。これは、長いステップです。

　20歳ぐらいまでの間に初等教育と軍事訓練を終えた人が、そこから数学的な勉強をし始めます。そして、ちょうど大学院が終わる頃、30歳ぐらいになってやっと高等教育を卒業する感じになるわけです。

　そこでようやく政治経験を踏むことが可能になるので、政治経験

を踏んだ人に交代で政治をするようにお願いする。つまり、哲学を究めることと同時に、何年間かずつ実地体験を踏ませることによって、両方ともできるような哲学者を育てていかなくてはいけない。

　これは非常に困難で忍耐力の要ることだし、素質も必要なのだけれども、これが哲人政治を実現する1つのプログラムなのだといいます。

　これを実現するためには、たとえば10歳以上の子どもたちは、家から引き離した寮生活によって徹底的に教育しなくてはいけないという話も出てきます。なかなか大変だという感じがします。

　この哲人政治論は、ご存じのように20世紀には全体主義のシンボルとしてかなり批判されました。これには悲しい歴史があり、ナチズムや軍国主義の人たちが「自分たちは哲学者だ」というようなことを語って、プラトンの主旨をまったく損ねるような政治を行ないました。それにより、プラトンのアイデア自体がダメだという話になっています。

　本当にこれが無効なのかどうかということは、今後、私たちがきちんと検討していく必要があると思います。

太陽の比喩、線分の比喩、
洞窟の比喩…「善のイデア」とは

　哲学者＝統治者が学ぶべき最大のものは「善のイデア」です。そこに向かうためにプラトンが駆使するのは「太陽の比喩」「線分の比喩」「洞窟の比喩」の3つです。

　なかでも有名な「洞窟の比喩」は、私たち人間の本性と、そこから脱出するための想像力の重要性を実感させてくれます。

　この「洞窟の比喩」で描かれるのは、生涯を洞窟の奥で過ごし、そこに置かれたスクリーンに映る「影絵」のようなものばかりを見て、「これが真実だ」と勘違いしているような人々の姿です。彼らは、「真の姿」を観ることはありません。

　しかし、そのような人々のなかの1人が、洞窟から出て、本当の世界を観たらどうなるか。そして、外の世界を観てから洞窟に戻って、「みんなが見ているのは、本当の世界ではない」と訴えたらどうなるか。

　洞窟の外の世界こそ「イデア」である。そして、そのように真の姿＝イデアを観ることができる人間こそ、哲学者ではないか。

　問題意識はそのように広がっていくのです。

すべての根源にある「善のイデア」を求めて

　理想の国家を実現するためには、「哲人政治」が唯一の、しかも可能な手段であるという提案を受けて、「哲学者がどうやって政治に関わるのか。いったい哲学者がどうやってこれを実現するのか」ということが、もう1歩踏み込んで語られていきます。

「哲学者はイデアを観る者、真理を観る者である」といわれるときに、最終的にそのような哲学者となるために学ばれるべきものは「善のイデア」であるといわれます。

　イデアには、おそらく、いろいろな種類があるのでしょう。「正義のイデア」「美のイデア」「勇気のイデア」などが存在するのだと思います。

　そういった諸々のイデアではなく、さらに究極にある「善い」ということの本質を見なくてはいけない。これが、学ぶべき最大のものといわれる「善のイデア」です。そして、これをめぐって3つの比喩が語られていきます。

　これらを簡単に見ていきたいと思います。

　さて、「善い」というのは、いったいどういうことなのでしょうか。「正しい」でも十分に把握が難しいものですが、『ポリテイア』のなかでソクラテスは、次のような見通しを述べます。

「『正しい』ということを本当に言い切るためには、さらに究極の『善い』ということを把握しなくてはいけない」「『善い』ということは、『正しい』とか『美しい』といったことを超えた、より根源的なものなのだ」

　ソクラテスはこのことを「知っている」とはいいません。「私ももちろん、よくわからないのだが、そうだと予感している」という言い方をします。

「善い」とは、たとえば「私の体にとって善いのは、栄養ある食事や適度の運動」などというように、普通は相対的に使われます。

　しかし、その原理は何なのか。私の体にとって善いとはどういうことか。体が善ければいいのか。生きるとはどういうことなのか。

　このようなことを突き詰めていくときに、「善い」とは何かを判断する。これを見極めることが、哲人政治をする哲学者の最終目標であり、かつその前提になるわけです。

　とはいえ、そんなに簡単に「『善い』とは、こういうことです。はい、学んでください」というわけにはいきません。そこでソクラテスは、「自分は予感だけしているけれども、あえて比喩のような形で、『善のイデア』とはこういうものではないか、ということは提示できる」というのです。

善のイデアに向かうための3つの比喩

　これは何か不思議ですね。知っていないのだけれど、こうではないかと比喩で語る。これはなかなかおもしろい語りですが、そこで3つの比喩が出てきます。

　前回は「3つの大波」でしたが、ここでは3つの比喩「太陽の比喩」「線分の比喩」「洞窟の比喩」が出てくるのです。

「太陽」「線分」「洞窟」の3つが順番に出てきて、「善のイデア」とはこういうものだという説明がなされます。本当は全部きちんと1つずつ紹介しなくてはならないところで申し訳ないのですが、「洞窟の比喩」という一番最後のものを中心にお話しします。

「前の2つがちゃんとわかっていないと、全部はわからない」という構造があるのですが、有名であると同時にやはり一番印象深いのが「洞窟の比喩」です。

　まず、最初の「太陽の比喩」は次のようなお話です。

私たちが生きている感覚の世界は、いろいろな仕方で太陽が支えてくれている。太陽の光によって私たちはものを見ることができるし、太陽の光によってものが育っていく。つまり、私たちが生活し、感覚している世界の原因として、その一番の究極原因として太陽があると考えられる。

　その場合、私たちが「知る」ということ、目に見えない知性的な世界にも、同じような構造があるのではないか。つまり、「知る」ということを可能にする光のようなものがあるのだろう。

　ここにいま、紙があります。しかし、真っ暗闇では見えません。光が当たるから見えます。

　基本的には太陽の光が当たることによって、われわれの目は、ものを見ることができるようになります。

　同じように、人間が持っている知性がイデアを知ることができるためには、もう1つ光のようなものが必要になる。「善のイデア」は、そういう根本的な役割を果たす。

　これがないとすべての認識が成り立たず、真理が成立しない。そのような根拠です。

　それが真理そのものというわけではない。真理は、輝き出して、光り輝いているさまをそう呼んでいるわけで、真理を可能にする根拠が「善のイデア」である。それが「太陽」にあたります。

　続いて「線分の比喩」によって、この構造をもう少し精緻に語った後で、「洞窟の比喩」という非常にビジュアル的な比喩を持ってきます。聞いたことがある方も多いと思いますが、次のような内容です。

　人間の教育と無教育に関する私たちの本性を、比喩として表わそうではないか。

　洞窟は地中の奥深くに入っていくので、奥のほうには光が届かないわけです。鍾乳洞のようなところに行ったことがある人は見た

■ 洞窟の比喩

ことがあると思います。人間は昔からこういうところに住んだりし
ていたわけです。

　これは比喩ですから「想像してくれたまえ」とソクラテスはいい
ます。洞窟の一番奥に広間が広がり、鍾乳洞のなかのホールのよう
なところにたくさんの人が座っている。人はみんな洞窟の奥のほう
を見ている。生まれて以来ずっとその方向にくくりつけられて（比
喩なので、何でもありなのです）、奥の壁のスクリーンを見ているわ
けです。

　奥の壁に何があるかというと、灯火のような人工的な光で投影さ
れた映像が見えている。光や台があり、そこにものを置くと、その
影が壁に映るわけです。ほぼ映画の上映会か、影絵のようなものだ
と思ってください。

　私たちはそのスクリーンに映っている影絵のようなものを見て、
「ああ、あの人が……」「この行為が……」「この人は……」という
ように、それらが本物で、そこが現実の世界だと思い込んでいる。

　人間とは、実はそのような存在ではないですか、というのが「洞
窟の比喩」なのです。

　人間がたくさん洞窟のなかにいて、みんな洞窟の奥の方向を見て

います。彼らは生まれてからずっとこのなかにいるので、自分が洞窟のなかにいることさえ知らないわけです。ずっと海の底にいる深海魚が、海の上に世界があるとは思えないのと同じです。生まれてからずっとこのなかにいるので、ここで起こっていることがすべてだと思っている。スクリーンに映された影と影が喧嘩したり、影と影が戦ったりしているのを見て、世の中はこんなふうに動いているのだと思っている。

　しかし、実際は何が起こっているかというと、後ろで映像をつくっている人がいる。つまり、そこでものを動かしている人がいる。こういう人たちが誰なのかについては議論がありますが、たとえばソフィストやデマゴーグのような人を考えればいいでしょう。

　彼らが何かを動かすことによって、そこに映し出された「影」を見ることで、私たちはこれが世の中で起こっている出来事だと思う。いわば映像で見ていることが真実だと思ってしまう。現在であれば、ネット上に書かれていることをすべて真実だと捉えるのと似ています。

▎洞窟に戻ってくる人に漂うソクラテスの面影

　ところが、「洞窟の比喩」はこれで終わりではありません。

　これは洞窟の奥の話ですが、当然、洞窟は外の世界につながっています。あるとき、1人の男がいましめを解かれて、後ろを向いたとしましょう。その人は、いままでは前しか見たことがなかったのに、後ろを向いてみると、眩しくてたまりませんが、やがて何か光が見えてくる。

「何だ、これは。人形がある。これは偽物だ」。だんだんよく見えるようになってくると、自分たちがいままで見ていたのは影像ではないか、ということがわかってくるわけです。

132

いましめを解き放たれた人が導き手に従って表に出ると、洞窟のなかとは全然違う世界が広がっている。色彩にあふれたリアルなものの世界で、人形ではなく、植物や生き物がいる世界。そして、その世界をつくっているのは太陽。これが「善のイデア」である。つまり、私たち人間が生きている世界が洞窟の奥の世界で、外の世界がイデアの世界だということです。

　外に出た人間は、世界の真のあり方を観て、もう1度、洞窟のなかのたくさんの仲間のところへ戻ります。

　なぜ戻ったのかというと、やはり仲間がいるからでしょう。戻ってきて何が起こるか。彼は「お前たち、聞いてくれ。生まれてこのかた自分たちが見てきたものは、実は影だった。あれは嘘や不十分なものだったんだ」と仲間にいうわけです。

　すると、周りの人たちは、「お前、バカになったのか。気が狂ったのか」「表に行ったなどといっているが、何か洗脳されたんじゃないか」という。場合によっては、彼を殺すかもしれないという、怖い話になります。

　実はここで洞窟から表に出ていって、また洞窟のなかに降りてきた人には、ソクラテスのイメージがあります。つまり、真実を人々に説いたがゆえに人々に憎まれ、殺されてしまったソクラテスの面影が漂います。

　ただ、この物語はソクラテスがしゃべっている設定なので、そうなるとおかしな話ですが、読んでいる私たち読者には、そういうことが重なって見えてくるわけです。

　さて、これはあくまでも比喩ですが、この比喩で何がわかるのか。この比喩が恐るべきなのは、これが「はい、そういうお話ですね」ではなく、「いま私たちが見ているのは影だ」ということを、私たちが本当に理解できるかということです。

　私も含めて私たちは、この世界で生き、いろいろ行動して、正し

いとか不正だとか、いろいろなことを経験して生きています。

これが、「まったくリアルではない」ということではありません。しかし、もしかするとリアルさが低いのではないか。

私たちが見ている世界は、本当の、世界のすべてではなく、これよりもっとリアルな世界がある。私たちが生きている世界は部分にしかすぎないのだ。もっといえば影の一部にすぎないのだ。

そのようなことを、どうやって理解するか。これには多大なイマジネーションが必要だと思うのです。

洞窟の外を見てきた人による「哲人政治」

では、プラトンは「善のイデア」を見たのでしょうか。

それはわかりませんが、こういう比喩を使うことによって、「私たちがいま見ているものは、真実とは違う。私たちの後ろ側に本当の世界があるのではないか」と思わせることができます。

つまり、これは私たちがプラトンの「イデア論」を受け入れるか受け入れないかのカギになる比喩なのです。

この比喩によって、「もしかしたら外に出られるかもしれない」と思って哲学をするか。あるいは「いや、バカな。自分が見ている世界で十分だ」と思って座り続けるか。

これが、哲学をするかしないかの違いになります。

さて、洞窟の外に出て戻ってきた人が、洞窟のなかの人たちを導いたとしたらどうでしょう。これが実は「哲人政治」ということなのです。

イデアを学んで戻ってきて、もう1度、私たちのこの現実世界（洞窟内）で政治を行なう人がいるとしたら、どうなるか。その人は表の世界を見ているので、なかに戻ってきたときに、より正確に、ものを見極めることができます。

つまり、もともと影しか見ていない人は、影が影とぶつかってい
ても、「本当にぶつかっている」と思う。けれども、「こういうメカ
ニズムで映されているのだ」とわかった人にとっては、「これは大
した意味がないかもしれない」とか、「これは重要だ」ということ
がはっきり区別できるわけです。

　われわれは日々起こっていること、ニュースに出てくることに対
して、一喜一憂しています。しかし、「これは非常に重要なことだ。
人類の将来にとって非常に大事なことだ」と考えるか、「これは一
時的な問題だから、そんなに気にしなくていい」と考えるか、そう
いうことを正確に見極める知恵は、洞窟の外に出てイデアを見た人
でないと持てないのです。

　哲人政治が、もし実際にこのように機能したならば、それが本当
に政治として正しいやり方であると「洞窟の比喩」が示していま
す。

　一方、洞窟のなかで影絵を操作して、人々に一喜一憂させている
人たちは実はデマゴーグであり、ソフィストであり、本当の政治家
ではないのだということです。

　人間が生きていくリアルな場はどこにあるのかということが、い
ま問われているわけです。

　最後に、ひと言加えます。

　『ポリテイア』でこのことを語っているのはソクラテスで、ペイラ
イエウスのポレマルコスの家でみんなに語っている場面です。夕方
から議論を始めているので、もう真夜中で、おそらく灯火が灯っ
ている部屋のなかで、この比喩が語られているのでしょう。

　そのような真夜中の部屋で、「いま私たちが見ているリアリティ
を超えた本当の世界がある。それが真実というものなのだ」という
のは、劇的な効果があります。昼間の世界だったら、そういう感じ

はあまり持てないのではないかと思います。

　いま見て生活しているこの世界で、私たちは実はこうした状況に置かれているのではないか。それが、いまお話しした「洞窟の比喩」のエッセンスになります。

哲人政治から寡頭制、民主制への堕落…金銭欲と分断の末路

　前半部で「正義（正しさ）」とは何かが語られ、中心巻では脱線的に「イデア論」が語られましたが、いよいよ「不正」とは何かについての検討が行なわれます。

　この議論のキーワードは「欲望」と「分断」。この2つによって、理想的なポリスとしての「優秀者支配制」から、だんだんと「名誉支配制」「寡頭制」「民主制」「僭主制」という順番に堕落したものになっていくのです。

　欲望が肥大化する過程には、家族関係における心理的要素が大きく働くというのですが、それはどのようなことなのでしょうか。さらに、人間の「欲望」のあり方とは？

　『ポリテイア』第4巻まで議論してきた「正義とは何か」から一転して、「不正」について、ポリスのあり方と、魂のあり方の堕落過程を参照しながら議論を進める第8巻のポイントを解説します。

なぜ「不正」について議論するのか

『ポリテイア』では、「中心巻」において「イデア論」が語られました。さて、その脱線部が終わった後で、もう1度最初のテーマに戻ってきます。第4巻までずっと「正義（正しさ）」について議論してきましたが、第8巻から後は「不正とはどういうものか」について議論をしていくことになります。

　正義ということがわかれば、わざわざ別に不正を考えなくてもかまわないのではと思われるかもしれませんが、この議論が必要な理由は大きく2つあります。

　1つは、「正義とは何か」は、それ自体を見ているだけでは十分にわからないところがあります。しかし、「不正」を見ることで、正義がわかるという面があります。

　しかも、正義は1種類ですが、不正は何種類もあるという話です。これは「幸福な家庭はすべてよく似ているが、不幸な家庭はそれぞれに不幸である」というトルストイの言葉（『アンナ・カレーニナ』冒頭）と同じようなことです。

　もう1つは、そもそもこの議論の出発点が「正しい生き方、不正な生き方」というところにあったので、不正な生き方を解明しないと答えが出ないのです。

　トラシュマコスやグラウコンやアデイマントスは「不正をやり放題の人のほうが、最終的に幸福ではないですか」といいました。それに対してソクラテスは、「不正を行なう人は、やはり不幸なのだ」という結論を出していきます。これが第8巻と第9巻の議論になります。

　第8巻と第9巻は、いままでと違って、けっこうリアルな考察がさまざまに埋め込まれていて、社会学的、歴史学的に興味深いところ

です。

　キーワードは大きく2つあると思います。

　1つは「欲望」。もっと限定的にいうと「金銭欲」です。プラトンの時代はもちろん貨幣経済がそれなりに発展していますので、肥大化する欲望の象徴は金銭です。これははっきり出てきます。

　もう1つは「分断」。これは「スタシス」という単語で「内乱」とも訳されます。共同体がどんどん分裂していく、あるいは分断されていくことが、不幸の原因になっていく。

　どちらも現代的なテーマだと思います。

「理想的なポリス」から5段階の堕落が起こる

　さて、いままで議論してきた「理想的なポリス」というものが仮にあるとすれば、それは「優秀者支配制」と呼ばれるようなものになるでしょう。

　つまり、きちんと素質のある人が、受けた教育を開花させて政治家になる。そうした「哲人政治」のようなものを「優秀者支配制」と呼んでおくとする。

　それがずっと実現していればいいのですが、人間はそういうわけにいきません。仮にそれが一時的にうまくいったとしても、そこから堕落が起こってきます。

　この第8巻と第9巻を通じて、理想的なポリスから順番に堕落していくプロセスがドラマ仕立てで描かれます。ここは、おもしろいところです。

　つまり、いきなり、さまざまな不正が起こるのではなく、少しずつ不正が大きくなっていって、最後は不正の極みになっていく。不正なポリスや、不正な人間にもいろいろな種類、ないしは進行の度合いがある。病気でいえばステージが上がっていくような感じにな

■ 5つの国制

Ⅰ．優秀者支配制（哲人政治）
Ⅱ．名誉支配制
Ⅲ．寡頭制
Ⅳ．民主制
Ⅴ．僭主制

⇒ ⅰ．哲学者（知恵愛好者）、ⅱ．勝利名誉愛好者、
　　ⅲ．寡頭制的人間、　ⅳ．民主制的人間、ⅴ．僭主制的人間

るわけです。

　2番めの段階は「名誉支配制」と呼ばれるもの、3番めに「寡頭制」（一部の人が権力を持つ体制）。

　そして4番めが「民主制」、私たちがおなじみのデーモクラティアー（現代のデモクラシー）です。

　さらに5番めに「僭主制」という順番で下りてきます。

　あたかも歴史的に次々と下へ進んでいくような叙述になっていますが、これをプラトンの歴史観と言い切っていいかどうかはわかりません。上へと戻ることもあるかもしれないとは思いますが、歴史仕立てで書いているのが1つめのおもしろいところです。

　どう堕落するのか。

　もちろん、いきなり単純にストンと堕落するわけではありません。最初は善いあり方をしているのですから。堕落はいろいろな要素が複雑に絡みながら進行します。

「優秀者支配制」のなかで最初に兆しとして出てきた少し悪いところがだんだん大きくなっていって、それが新たな火種を生んでいく。そうして最後のところまでいく。つまり、堕落の過程に起こる相互浸透です。

なかでもおもしろいのは、「心理的な要素」が効いてくるところです。優秀者支配の集団が崩壊するなかでは、親子関係が非常に大きい。ケチな父親を見て育った子ども。その父親に向けて母親が愚痴や文句をいうのを聞いて育ちます。もちろんこれは1つの戯画化です。そういう人間関係、親子関係のなかで、どうして欲望にまみれた、最終的に不正な人間が生まれてしまうのか。

　そのような社会心理学的なメカニズムを、プラトンは1つの見通しとして書いています。

　そのなかで起こるのは、徐々に「欲望が肥大化していく」過程です。最初は非常に厳しく欲望をコントロールしていたのに、だんだん手綱が緩んできて、最後は欲望だけの世界になってしまう。そういう流れになっています。

　このなかの「デーモクラティアー（民主制）」は、当時のアテナイの社会です。後で少し読むように、非常に辛辣な民主制批判が繰り広げられています。現代でさえ耳が痛くなるところですが、堕落過程の最終地点は「僭主制」です。

｜「金銭の欲望」がシステムを壊す分断を助長する

　さて、ごくごく簡単にストーリーを追っていきます。まず、完璧な社会がどうして崩れるのか。

　ここにはけっこう難しい論理的な矛盾があって、説明がしにくいところです。

　完璧に善かったら崩れることはないでしょう。ところが、人間はやはり運に左右されてしまいます。何の運かというと、子どもを産むタイミングを間違えてしまう、などといったことです。

　つまり、生まれを自然や宇宙的なレベルでちゃんとコントロールできていればいいけれども、人間にはさすがにコントロールしきれ

ません。つまり、人間が「自然的な存在」であるがゆえにどうしても、あまり出来のよくない子ができてくるし、その出来のよくない子が支配者に就くというようなことが起こって、最初はそんなに悪くない状態が徐々に悪くなっていく。

それで解体が始まっていくのですが、まずは少しずつ内部で仲違いが起こり、いままでは抑えていた「金銭に対する態度」が変わってきます。

最初は恥ずかしくて「やっぱり、お金って大事だよね」と口に出してはいわないけれども、「お金はいいものだ」と心の中で思っている。それが、だんだん「お金がいい。お金が欲しい」と口に出していうようになってくる。そうすると、みんなでどんどんそれを求めるように進んでいくわけです。

そうなると結局、お金というのは持っている者と持っていない者の格差が大きいので、「持っている者を吊るし上げ、そいつを殺してお金を奪ってしまう」とか、あるいは逆に「お金を持っている者がボディガードを雇って、お金を持っていない者を弾圧する」ということになる。お金というのは単に「持つ」だけではなくて、社会のシステムを壊す「分断」の働きを助長していきます。

もちろん、「名誉支配制」はまだ名誉が重んじていられる時代なのですが、だんだん「名誉も空虚なものだ。名誉ではなくて実質が大事だ。結局はお金でしょ」という3段階めの「寡頭制」になります。

4段階めはそれが嵩じていって、「みんな平等に、金や自由を謳歌しよう」ということになる。それが民主制の段階ということになります。

特に「名誉支配制」から「寡頭制」に移るときに「雄蜂」という存在が出てきます。

雄蜂というのは蜜蜂のなかの雄の蜂で、当時は「何もしない蜂」

■ **堕落論の読み方のポイント**

◆「堕落過程」という歴史的叙述（下降史観）
◆ポリスの堕落と人間の堕落、相互関係で進む
◆人間関係の心理学的関係、親子関係などの深層心理
◆欲望（とりわけ金銭欲）の拡大
◆「内乱＝不正」の発生と拡大：「不正とは何か？」から「正義」
　を示す
◆同時代アテナイの「民主制（デーモクラティアー）」への批判
◆人間から非人間へ：最終目的は「僭主の生」が不幸であること
　を示す

であると信じられていました。何も生まないし、働きもしない。つまり、社会の邪魔者のようなもの、反社会的集団です。

　その人たちは、自分たちは何も生産しないくせに浪費を繰り返し、人からじゃんじゃん奪う。まさにどの社会にもいる存在です。

　その連中が、内部抗争のなかで力を持ってきて、いろいろな人と結託することによって、社会が変わっていく。そして……という段階（構造）になっていきます。そのあたりをぜひプラトンの文章でお読みいただけると、ディテールがなかなかおもしろいです。

強烈に戯画化された民主的人間と民主制社会

　そして内部分裂をしたうえに、最終的に「貧民」が勝つのが「民主制」です。つまり、いままで、なんだかんだいっても金持ちが政治を支配していたけれども、金持ちを追放し、みんなで平等に分け与えることが実現されたということです。

　これは一見、「みんなが幸せ」であるような気がしませんか。みんなが同じようにお金を持っているからです。

　しかし、このストーリー仕立てでは、民主制は寡頭制よりもさら

に悪い段階ということになります。

　つまり、寡頭制までは「欲望を発揮するのは一部の人たち」だったのが、民主制は「全員が欲望を発揮する」状態なのです。結局、みんなが自分自身の思いどおりになるようにと自己主張して、「俺が欲しいんだ。俺が！　俺が！」といいまくっているのが、この民主制という社会だということになります。

　ここは、プラトン（『国家』）の叙述を藤沢令夫氏の訳で読んでみます。現代の社会を髣髴（ほうふつ）させますが、民主制とはこういうものだということをいうところです。

　ソクラテスは、こういいます。

《「こうして彼（民主的な人間）は」とぼくはつづけた。「そのときどきにおとずれる欲望に耽（ふけ）ってこれを満足させながら、その日その日を送って行くだろう。あるときは酒に酔いしれて、笛の音（ね）に聞きほれるかと思えば、つぎには水しか飲まずに身体を瘠（や）せさせ、あるときはまた体育にいそしみ、あるときはすべてを放擲（ほうてき）してひたすら怠け、あるときはまた哲学に没頭して時を忘れるような様子をみせる、というふうに。しばしばまた彼は国の政治に参加し、壇（議場の演壇）にかけ上って、たまたま思いついたことを言ったり行なったりする。ときによって軍人たちを羨ましく思うと、そちらのほうへ動かされるし、商人たちが羨ましくなれば、こんどはそのほうへ向かって行く。こうして彼の生活には、秩序もなければ必然性もない。しかし彼はこのような生活を、快く、自由で、幸福な生活と呼んで、一生涯この生き方を守り続けるのだ」
「まったくのところ」と彼は言った。「平等を奉ずる人間の生活というものは、あなたがいま述べたとおりのものです」》（プラトン著、藤沢令夫訳『国家』（下巻）第8巻561-D 〜 E、岩波文庫）

いま読んだ部分の前後では、プラトンが当時の民主制社会を戯画的に描いています。みんな平等だからと、子どもが親に反抗し、ペットが飼い主に反抗する。平等というのは素晴らしいと思われるかもしれませんが、結局、欲をみんなで発散しまくって、均衡状態になっただけではないかと。

　さて、民主制まで下りてきました。ここで終わらない、というのがこの堕落のストーリーのおもしろいところです。「優秀者支配制」から順番に来て、ここまで来ました。いま、ギリシアの社会は「民主制」にあるということで、プラトンはこの「民主制」に対して痛烈な指摘をしたのですが、ここでは終わりません。私たちの話は、次の講義につながっていくことになります。

僭主制は欲望の奴隷…過度の自由が過度の隷属に転換する

　理想的なポリスから劣悪な社会への堕落が起こる過程で、最も重要なのは「民主制」を経て最後の「僭主制」に移行する段階です。なぜ重要なのかというと、そもそも『ポリテイア』の問題提起が「僭主が一番いい」という議論から始まっていたからです。

　民主制と僭主制は一見、正反対のように見えます。しかし、プラトンは、「過度の自由は、過度の隷属に転換する」と喝破します。実は民主制がさらに進むことで、僭主制へと転換してしまうのです。

　プラトンはそれを最後の一線とし、「リュカイオス・ゼウス神殿で人肉を食べる」伝説になぞらえていきます。その恐ろしい伝説が描き出していくのは、思う存分に好きなことをしているように見えて、結局は「欲望の奴隷」になってしまう僭主の末路です。

　あなたは、そんな僭主になりたいか——そう問われるのです。

民主制から僭主制へ──過度の自由は隷属に転換する

　最善のポリスからどうやって堕落が起こり、劣悪な社会へ、さらには不正な社会へと転落していくのかというプロセスを描くのが、『ポリテイア』第8巻、第9巻の議論です。「優秀者支配制」から「名誉支配制」「寡頭制」（一部の人が権力を持つ体制）、「民主制」へと下りてきました。

　ここから最後の段階に行くステップが一番重要です。なぜかというと、そもそも『ポリテイア』の問題提起は、「僭主が一番いいのだ」というトラシュマコスの議論から始まっていたからです。「僭主」という言葉は、普段あまり使わないかもしれませんが、「テュラノス」という単語です。「ティラノサウルス」の語源でもあり、「非合法的に権力を得た者」という意味です。親から継いだ地位でなく、自分で権力を取ってしまった者を指します。

　実際には、僭主にはアテナイのペイシストラトスのようにそれなりにいい政治家もいましたが、基本は、非合法的な権力者という存在です。現代的にいえば、専制君主や独裁者と訳してもかまわないと思います。専制君主にしても独裁者にしても、どの社会にもいましたし、現代でも存在します。

　では、「民主制」から「僭主制」へという、一見、正反対への流れが、どうやって起こるのでしょうか。

　市民全員に参政権があり、みんなが自由な生活を謳歌して、やりたいことを行ない、「自分は自由であり、それを謳歌している」というあり方と、1人の独裁者がすべてをコントロールして、いうことを聞かせているあり方とは、まったく対極に見えます。しかし、歴史の教訓が示すように、この2つは裏と表です。

　プラトンの次のセリフは非常に示唆的です。

《「過度の自由は、過度の隷属に転換する」》(『ポリテイア』第8巻564A)

　極端な自由は極端な隷属に、一気に転換するということです。
　たとえば20世紀の歴史でいうと、ワイマール憲法からナチス・ドイツに、その制度を使いながら移行してしまった。あるいは大正デモクラシーからそのまま戦前日本の軍国主義に突入してしまった。このように、私たちにも経験のあるところだと思います。
　つまり正反対の位置ではなく、民主制と呼ばれながらも悪い面が発揮されたとき、その指導者は僭主(テュラノス)に変身するということです。テュラノスは、いまから説明するように、狼にたとえられます。

民主制の指導者と僭主の間に横たわる大きな一線

　民主制の指導者とは、どういう存在か。
　みんなが平等だといっているなかで指導者になるのは、現代的にいうと「ポピュリスト」です。民主制だから、みんなの欲望に沿うことをいえば支持は集まります。だから、正しいことや善いことをいうのではなく、つまり「正しいけれども不快」なことをいうのではなく、「ひどくても快い」ことをいえば、政治としては成功する。そうやって、民主制の政治家は育っていく。
　その連中は、「もっと富裕層から搾取すればいいではないか」と煽る。すると、富裕層は身構え、ボディガードを連れてきて壁をつくる。だから、「俺に権力を寄せろ。俺に権力がくれば、あいつら(富裕層)からすべてを奪ってやる」「俺が本当の平等を実現するんだ」という国民社会主義のようなことを言い出すと、最後の段階に

■ リュカイオス・ゼウス神殿に伝わる伝説

犠牲獣の内臓が捧げられているが、そのうちの、ひと切れ
に入っている人間の内臓を食べた者は狼になる
　（同胞の血を味わう）：人間を超えて野獣になってしまう

入ってしまうのです。

「僭主」とは当時のギリシアの社会にも実際にあったものをモデル
にしたものであり、実際におびただしくいた僭主を、プラトンが政
治理論で説明したのです。つまり、ある種の必然性があって、この
ようになっていくのだということです。

　だから20世紀や21世紀の私たちも、一定程度、当てはまるものと
して、なるほどと思えるところがあるわけです。

　ただし、この「一線」というのはやはり大きい。

　民主制と僭主制というのは単にグラデーションの違いではありま
せん。「最後の一線を越える」ということで、本当に大きな一線で
す。これを『ポリテイア』のなかで、ソクラテスはこのようにいい
ます。

「民主的な生き方をしている人間から僭主的な生き方をする人間へ
の変化は、次の伝説で表わせる。

　アルカディアというペロポネソス半島の山奥に、『リュカイオ
ス・ゼウス（狼のゼウス）神殿』というものがある。ここには犠牲
獣の内臓が捧げられるが、そのうちのひと切れに人間の内臓が入っ
ている。その内臓を食べた者は狼になる、という怖い伝説があるの
だ」

祭りの儀式に犠牲獣として羊や牛の内臓が捧げられ、みんなでそれを焼いて食べたりするわけですが、そのなかにひと切れだけ人間の内臓が入っている。それに当たってしまった人は、もう人間ではなく狼になってしまう。人間を超えた存在になってしまうというのです。

　もちろん善い意味で超えていればいいのですが、悪い意味で超えてしまうのが僭主なのだということです。

　つまり、ここまでは人間のなかでの欲望の話なのですが、人間の欲望が本当に一線を越えてしまうと、人間ではなく獣になってしまう。それが独裁者というものだということです。

　彼はあらゆる悪に手を染めても良心の呵責（かしゃく）を感じない。仲間を殺す、騙す、人の財産を奪う、人の国を侵略する。何でもするのは、もう人間性が残っていないからです。

　このように一線を越えてしまうことを、「リュカイオス・ゼウス神殿で人肉を食べてしまう」という伝説になぞらえていっています。無論、人肉食は人間が人間であることから逸脱した獣性なのです。

　彼は、夢のなかに出てくるあらゆる欲望をかなえる。たぶんセックスについての欲望もそうで、交わってはいけないような人と交わるようなことをすべて行ってしまう。そういった人は現実と空想の区別がつかなくなるので、「あいつの財産が欲しい」と思ったら、本当に殺して取ってしまう。普通の人間の場合、そうはしないと思います。

　こうして欲望を解放し、他人のものを奪って、自分の親すら隷属させていく。平和な時代に生きていれば「あいつはひどいやつだ」と罰せられる類（たぐい）の人が、何かのタイミングで国のトップになってしまうことがあるわけです。

単純に、僭主的な人間になるのも大変なことですが、僭主的な人間が実際の社会で本当に僭主になってしまうと、本当に大変なことが起こるということなのです。

　ここでは一番上に位置づけられる「優秀者支配制」と一番下に位置づけられる「僭主制」が対照的になっています。本当に理想的な国（優秀者支配制）においては、そこで政治を行なう哲学者というあり方が大事ですが、一番堕落した社会（僭主制）においては僭主というあり方が出現してしまう。この2つが正反対なのです。

「欲望の奴隷」になってしまう僭主の末路

　そして、「不正」というものは結局どうなってしまうか。僭主は自分のやりたいことは何でもできるように思うかもしれないけれども、では幸せなのか。

　これについて、ソクラテスはいろいろな議論をして、「いや、やはりこれは幸せではない」と説得していきます。これは、私たちから見ても、かなり納得のいく論理です。

　僭主は誰も信用できず、自分の身内さえ信用しない。もっといえば身内が一番信用できない。自分の地位を脅かすかもしれないし、陰謀を企んで自分を殺すかもしれないのですから。

　そうすると、自分の一番の側近であろうと、親族であろうと、次々と排除して殺していく。そうやって不正を働くことが、どんどんと自分の欲望を肥大化させていくわけで、魂のなかの欲望という怪物に、結局、自分が支配されてしまう。

　つまり、自分で何でも好きにやっているように思われるけれども、実は自分は欲望の奴隷であり、獣であり、友だちもいない。

　そういった者が人間として幸せなのですか、ということです。

　トラシュマコスやグラウコンは最初に、「権力を握れば何でも好

■ 僭主的人間の生き方

欲望の解放、物の奪取、親たちを隷属させる⇒不正、信義を欠く

平和時には少数の悪人⇒多数になると強大な僭主が生じる

　　　↓

魂のなかの怪物（＝欲望）に自分が支配されてしまう

もっとも邪悪な生がもっとも惨めである

きなことができるし、自分の好きな法律をつくれるし、欲しいものも手に入るではないか。しかも人から罰せられなければ、最高じゃないか」といって僭主の生き方を賞讃しました。しかし、僭主は本当に幸せなのか。実は悲惨な生涯を送るのではないか、とソクラテスは問題提起するのです。

　この議論は、やはり想像力に訴えるものです。つまり、本当にそういう存在になってしまった場合、はたしてその人は幸せなのだろうか。あるいは自分がその人になれば、幸せなのだろうか。自分はそういう人生を選びたいか。

　そのように思わせるのが、第9巻で描かれる僭主制あるいは僭主的な人間の末路になります。

　これらを通じて結局、「正しい秩序立ったあり方をしている人」と「最も不正な生き方をしている人」のどちらが幸福で、どちらが不幸かという論争には、自ずと決着がついているとソクラテスは見るのです。

　いろいろな観点を取ってみて、「あまり豊かには見えないかもしれないけれども、きちんと人間としての生き方を、自分のコントロールでまっとうしているあり方」と、「何でもできるように見えて、結局は自分が欲望の奴隷に成り下がっている、獣のようなあり方」

の、どちらが人間として選ぶべきものかについて、こういう形で決着をつけていくわけです。

「ギュゲスの指輪」で僭主になりたいですか

本講の最後に、「ギュゲスの指輪」の話をもう1回思い出してください。

第5講で、ギュゲスという人が魔法の指輪で透明人間になって、何でもできるようになった話を紹介しました。「けっして見つからないのだったら、他人のものや財産を取りたい、他人の彼女も奪いたいと思ってしまうかもしれない」というところから『ポリテイア』の議論が続いてきたのでした。

はたして「ギュゲスの指輪」があったからといって、「僭主」のような存在になりたいですか。ここで提起されているのは、そういう話なのです。

なぜ、あの話を「僭主」に結びつけるのかというと、歴史的な事実としてのギュゲスは、それまでの王を殺し、新しくリュディア王朝をつくった人でした。彼は、ギリシア語の「テュラノス」という単語で最初に呼ばれた人物だったという証言が残っています。

つまり、ギュゲスは「普通の平凡な若い羊飼い」ではなかったのです。彼は「テュラノス」でした。

「でも普通の羊飼いがテュラノスになったのでしょう？」と皆さんは思うかもしれませんが、あのストーリーをよく考えてみると、いくつかの点で気づくところがあります。

たとえば、地割れが起こって地下に下りたら、青銅の馬のなかに指輪があった。それは本来は他人のものなのに、ギュゲスは平気で取ってしまい、自分のものにしました。これは「欲望の発揮」です。

それから、透明人間になれるとわかった後で、王宮に行って王妃を誘惑して、王を殺してしまいます。これは、すでに「欲望の奴隷」になってしまっているということに他なりません。

　ということは、ギュゲスの物語は、「私たちみんな誰でも、ギュゲスの指輪を持っていたらどうか」という話ではあるものの、実はそこで描かれたギュゲスは、最初から欲望によって行動していて、最終的に本当に僭主になってしまった人なのです。

　では私たちは、はたして同じように、仮に透明人間になる指輪を持っていたとして、ギュゲスのように王妃を誘惑し、王を殺すでしょうか。そういう問題です。

　この議論を聞いた後で、あなたはどう思いますか。透明人間の指輪をどう使いますか。そう、ソクラテスは問いかけているのではないかと思います。

詩人追放論と劇場型政治の批判
…「イデア論」の本質と模倣

プラトン『ポリテイア』の第10巻では、「詩人追放論」が語られます。この「詩人追放論」は現代に至るまで評判のよくないものではありますが、「存在論的議論」と「心理学的議論」の2つの側面で重要です。

「存在論的議論」では、「寝椅子のイデア」という話を用いながら、ホメロスの作品を標的にして詩というものの存在意義について挑戦していきます。一方、「心理学的議論」では、「劇場型政治」という言葉を使いながら、感情の解放によって悪い方向に肥大化してしまう危険性を提示するのです。

ここでカギとなるのは「ミーメーシス（模倣）」の概念です。なぜ詩人を批判したのか。プラトンの考えの深層に迫ります。

現代まで評判がよくないプラトンの「詩人追放論」

『ポリテイア』も第9巻までの議論を経て、「正義とは何か、不正とは何か」ということについて、大方の議論の決着はついています。

第10巻という最後の巻は補論、まとめにあたるもので、いくつかのトピックが出てきますが、それぞれ非常に重要な「補い」になっています。

本講では、「詩人追放論」と呼ばれるとても有名な議論を紹介したいと思います。

教育の話はこれまで何回か出てきたように、この『ポリテイア』の政治・倫理の議論のなかで中核を成していました。第2巻から第3巻にかけての初等教育の話では文芸と体育の教育、第7巻では数学的諸学科の高等教育の話が出てきました。

それらを振り返りながら、第10巻ではもう1回、「詩」というものを取り上げます。

「詩（ポイエーシス）」は、現代のポエトリーの語源になっているもので、もともと「制作」という単語です。ギリシアにおいては、これが教育や文化の基本でした。

現代日本では詩よりも短歌や俳句のほうが身近で、詩人は非常に特殊な人という扱いを受けます。しかし、当時のギリシアには叙事詩、叙情詩、悲劇、喜劇などがあり、フェスティバルのたびに詩人が詩を朗読したり、上演したりしました。

いわば現代のマスメディアや教育、カルチャーの総合的なものだったと考えていただければと思います。

『ポリテイア』のなかでソクラテスは、以前の議論を振り返りながら、「これまでの詩に対するわれわれの扱い方は正当だった」といいます。「模倣（ミーメーシス、真似る）」ということについて、「わ

れわれは理想的な国から追放したよね。それは、正しいことだった」と語り、もう1度それを確認する議論を行ないます。

　つまり、「本当に正しいポリスや社会において、詩というものは基本的に認めるべきではない。認めるとしても限定的に認めるべきだ」ということになります。

　これが伝統的に「詩人追放論」と呼ばれていて、プラトンは哲学の立場から詩、すなわち文学に挑戦した、もっといえば争いをしかけたといわれます。

　実際、『ポリテイア』のなかでソクラテスは「哲学と詩の間には昔から諍いがある」と、あたかもずっと対立があったようにいっています。これは一見、過激にも見えますが、やはり人間のあり方、生き方をめぐって根本的に違う2つの考え方があり、それについて私たちがどのように考えていくかという議論をしているのだと思います。

　この「詩人追放論」については、現代に至るまでプラトンはあまり評判がよくありません。つまり、プラトンは芸術に対して理解がない。芸術というものをリアリズムで捉え、「似ている、似ていない」といった話にされては困る。芸術にはもっと素晴らしい価値があるのだという、19世紀ロマン派以降の批判もあります。

　しかし、この「詩人追放論」の議論は、私たち人間が生きるなかで「文化（カルチャー）」というものを実際にどのように捉えるべきかという問題を突きつけています。

存在論的議論──「寝椅子のイデア」とホメロス作品

「詩人追放論」は、いくつかの議論からなっています。細かくは紹介しませんが、1つめは「存在論的議論」、2つめは「心理学的議論」というように、大きく2つの部分にわかれています。

存在論的議論では、少し不思議な例ですが、「寝椅子のイデア」を用いていきます。

　寝椅子（ソファー）というものがある場合に、寝椅子それ自体を神がつくったとすると、それは1つの「イデア」である。職人たちはそれを観て、そのイデアを思いながら、この世界でリアルにさまざまな形の寝椅子をつくる。

　つまり、「寝椅子のイデア」があって、「実物の寝椅子」というものがある。「実物」は職人がつくり、「イデア」はあえていえば神がつくる。

　そして、画家や彫刻家たちは、職人がつくった寝椅子を見ながら絵や彫刻で寝椅子を描く。それが模倣する人たちなのだと。

　画家や彫刻家たちは、イデアを観て絵を描いているのではなく、実際につくられた寝椅子を見ながら、それを写している。そうだとすると、真実の程度や度合いは「寝椅子のイデア」から見れば3段階ほど隔たっていく。離れているのです。

　つまり、模倣するというのは、そういった程度の低い存在にすぎない。だから、「模倣」をありがたがるのはおかしな話で、これはやはり「実物」のほうがより真実に近いのではないか。これが、1つめの議論の骨子です。

　いまの議論は、私の紹介だけではあまりピンと来ないかもしれませんが、ここで重要なことは、以前に出てきた「イデア論」をもう1度使いながら、はたして私たちが「イデアの知（知るということ）」とどう関わりあうのかについて論じていることです。

　つまり、「詩人たちは第1のもの（イデア）を観ているわけではないし、第2のもの（実物）をつくる者ですらない。実は第3のレベル（模倣）にいるのだ」ということです。

　ここで、ホメロスが標的になります。ホメロスは、ギリシアの社

■「詩人追放論」の存在論的議論

「真似」（ミーメーシス）とは何か？

1、「寝椅子」実在・1つのイデア：神＝本性制作

2、「寝椅子」の大工作品：職人＝制作者

3、「寝椅子」の見かけを作る・絵画：画家＝真似者 ── 真実から遠い
   ↓

画家が真似る対象は「あるもの」ではなく、「見えるもの」

知って真似るのではなく、対象のわずかな部分（影像）に触れるのみ

会においては最大の知者であり、権威であり、すべての教育の源です。ホメロスは、戦争のことでも、技術のことでも、神々のことでも、何でも知っているというように思われ尊敬されています。

　しかし、ホメロスが詩で歌っているものは、実際に活動した人間を、さらに描いているにすぎません。

　たとえば、アキレウスという英雄は勇敢で、勇気のある人です。アキレウスの勇敢な行為は、「勇気のイデア」を真似たものです。ところが、そのアキレウスをただ描いているだけの作品は、「本当の勇気」から見ればかなり影の薄い存在であり、「洞窟の比喩」でいえば実物からだいぶ離れた洞窟の一番奥のあたりで映し出されている影のようなものだという批判です。

　ホメロスから見ると、そのようにいわれるのは、おそらく不本意で、自分のやっていることはエンターテインメントであると考えるはずですが、人々はホメロスのいっていることを真に受けます。つまり、あるべき人間の姿、本当に勇敢な人は、かくあるべきだという規範を、彼の作品のなかから読み取ろうとするのです。

　しかし、私たちが本当に勇気について知りたいのなら、ホメロスの作品を読むのではなく、実際に勇敢な人を見たり、自分でそうな

ったりするべきである。もっといえば、「勇気のイデア」をきちんと学ぶべきだというのが、存在論的議論です。

心理学的議論——悲劇を観て泣くのは悪？

心理学的議論というのは、私たちの心理や魂のバランスに関わっているものなので、これもおもしろい議論です。

1つ、一番印象的なところを挙げるとすれば、「せっかく私たちの理性が一生懸命に協力してコントロールしている状態にあるのに、舞台や作品鑑賞のようなところでそのタガを緩めてしまうのは、よくないのではないか」という箇所です。

ソクラテスがここで出しているのはこういう例です。普段は非常に頑強で、まったく感情を顕わにしないような勇敢な将軍が、劇場に行って悲劇を観ると、おいおい泣く。ありがちなことだと思いますが、これでいいのだろうか。ソクラテスは「それはよくない」といいます。

なぜかというと、普段はきちんと感情をコントロールしているのに、劇場だからいいと思って解放してしまうと、タガが緩んでしまい、感情がどんどん肥大化してしまう。そういう例が、心理学的議論で挙げられます。

だから、「ミーメーシス（模倣）」というものをあまり重要視して、それによって人間教育をすると、結果的に正しくない人間に発展してしまうというのです。

その例が一番わかりやすいと思いますが、欲望というものをきちんとコントロールできている段階は良いが、ちょっと緩めたり、教育の段階で抜け道をつくったりすると、人間本性というものはすぐそこで悪い方向に向かって、欲望を肥大化させてしまうという教訓です。

■「詩人追放論」の心理学的議論

「立派な人」は苦難を平静に耐える⇒ロゴスとノモスに従う
「詩」はパトス（感情：非理性的部分）を呼び覚ます⇒ロゴスを滅
ぼす

◆他人の不幸への快感
優れた人間であっても、他人の不幸を喜び共感すると、
自分を抑えることが困難になり、恥ずかしく思わない人間になる
快楽が涙っぽい部分に訴え、衝動（怒り・愛欲）を育む

　プラトンは、その意味ではかなりペシミスティック（悲観的）な
人間観の持ち主です。「人間はずっと配慮していないと、いつかど
こかでタガが外れるので、それを警戒せよ」と。
　「劇場で泣くぐらいいいじゃないか、人間なんだから」といってみ
たくなりますが、それを続けていると、結局、戦場でも泣いてしま
うかもしれない。それが、プラトンの議論になります。

「感情の解放」がもたらすのは堕落かカタルシスか

　さて、この詩人批判、「詩人追放論」がどうして議論されたのか
というと、1つの理由は、当時のアテナイの政治を風刺するためだ
と思います。アテナイの民主制政治は「劇場型政治」といわれま
す。「劇場型政治」という言葉はプラトンがつくった語で、現代だ
けの用語ではありません。
　「劇場型政治」は、あたかも劇場にいる人々を感情的に煽るような
仕方で多くの票を得るというポピュリズムのやり方です。そのよう
に感情に流されると、冷静で正しい判断ができなくなってしまう。
それに対して、そういうものは追放すべきだという提案をしている

のが、1つめの点です。

　2つめは、先ほど述べたように、欲望や感情を無闇(むやみ)に解放すると、結局、いずれコントロールが利かなくなってしまうという点です。

　この点では、プラトンの弟子のアリストテレスの考えと正反対です。アリストテレスは「文芸における解放というのは、むしろ良い効果、カタルシス（浄化）という効果がある」といいますが、プラトンはそこを許しません。

　これは現代でも大きな問題だと思います。たとえば現代の例では、さまざまな映画やテレビ番組、あるいはゲームソフトなどで、人を殺しまくったり、人に暴力をふるったりする、あるいは過剰なセックスや性的な露出で感情や欲望を煽るようなもののことです。それらを、「どうせゲームだからいい」「劇場で観ているだけだからいい」というのか。それとも、そういうものに毎日触れていると、暴力に対する耐性がなくなって、何かをきっかけに自分も暴力的なことをしてしまうということにならないか。

　これが、プラトンとアリストテレスの間での大きな論争点です。

　プラトンがいうのは、たとえば悲劇には復讐(ふくしゅう)や裏切りや不倫の話ばかりが出てくるけれども、そういったものばかりを見ているカルチャーの下では、どんなにきれいごとをいっても、正しい国家はできないのではないか、ということです。

　しかし、そうなると、ある種の検閲のようになってしまいます。それで、「プラトンは言論統制をするような全体主義的な思想を提唱した」という、ポパーのような批判も起こるのです。

　これは理論的な問題として、プラトンがこのように議論した文化統制（コントロール）ははたして善いものなのか、あるいは必要なのか、という問題提起になっていると思います。

エルの物語…臨死体験から考える「どういう人生を選ぶか」

『ポリテイア』全10巻の最後にソクラテスが語るのは「エルのミュートス（物語）」。これは実は、「臨死体験」の話です。

戦場で倒れ、12日後に蘇生したパンピュリア族の勇士エルが、「自分は死後の世界を見てきた」と語り出す。彼は死後の世界に赴き、魂の旅路として2つのコースがあることを見ます。100年の人生の死後には、その10倍にあたる千年の旅があって、天国のようなところか、地獄のようなところか、2つのコースのいずれかに裁判のようなもので振りわけられる。そして、その千年の旅を経た後、魂は次の人生の運命を選び、再びこの世にやってくるが、その際には、それまでのすべてが忘却される……。エルは、その過程もすべて見てきたというのです。

この「臨死体験」の逸話には、非常に大事な教訓が込められています。なぜ、歴史上最大の哲学書といわれる『ポリテイア』は最後にこのような物語を置いたのでしょうか。

魂の見地で考える「正義や徳への報酬」とは

『ポリテイア』第10巻は補遺・まとめのような議論ですが、「詩人追放論」に続いて、「正義や徳への報酬」という議論が挟まります。

第2巻におけるグラウコンの問題提起で思い出していただきたいのですが、正義であること、正しいこととはいったいどういうことなのか。それ自体として善いことなのか、結果として善いことなのか、それともその両方なのかという問いに対して、ソクラテスは「両方だ」と答えたのでした。

『ポリテイア』で追求されてきた議論は、実は「それ自体として善い」という点に対する回答でした。つまり、「正しいことは、結果が得られなくても、あるいは報酬をもらわなくても、それ自体として善いことであり、そのあり方を選ぶべきだ」ということを証明したのです。

残りは、「でも、ご褒美もくるよ」という、おまけのような話です。

そのご褒美というのは結局、神が人間の面倒をちゃんと見てくれるという話なので、やや付け足しのように見えます。しかし、ソクラテス的には、正義であることは、人間が完璧に報われるものなのだということを示したいのです。

特に、「魂というものは単に生きている間だけで終わってしまうのではなく、未来永劫続くものである。魂が不死だとしたら、人生の時間はわずかなものでしかない。この生きている時間に、欲望をフル回転させて人の財産を奪うような話と、自分が正しいあり方をするという話では、はたして長いスパンで比べたら、どう違うかが見えてきますよね」ということを述べていきます。

そこで、「魂とは結局どういうものか」という話に再度戻ってく

るわけで、いったんは「魂の三部分説」を唱えたのですが、やはり本当の魂は「理知的な部分」だという話になります。

　ただ、その部分は、通常はいろいろなものに覆われて見えなくなっている。現実の悪によって、フジツボやワカメがいっぱいついた海神（グラウコス）のような状態になっているという話をしていきます。

　ただし神は「正しい人」と「不正な人」を見ているから、結局は「正しい人」は報われるのだということを付け加えています。

　プラトン自身は、人間と神という問題をずっと考えていて、人間自身でできることと、それに対して神がもっと大きな視点から配分してくれることを見ているので、これはトドメのような結論になっているわけです。

全巻の最後に語られる「エルのミュートス（物語）」

　さて、それに続いて『ポリテイア』全10巻の末尾に来るのが「エルのミュートス」という話です。

「ミュートス」というのはギリシア語で「物語」と訳すといいのですが、神が出てくることも多いので「神話」と訳されることもあります。この場合は神も出てきますが、いちおう「物語」として、「エルの物語」と呼んでおきましょう。

　いままで「議論」をしてきたソクラテスが、最後になっていきなり「お話」を語ります。いままでは精緻な議論を続け、人間の魂や社会のあり方を議論してきたのに、最後にエンターテインメントのような感じで、物語を語る。

　その物語も非常に興味深いもので、死んでしまったと思われた人があの世で見てきたことを語る、いわば臨死体験の物語です。

　これをこのシリーズ講義の最後に紹介して、どのようにこの壮大

な対話篇『ポリテイア』が終わっていくのかを見ていきます。

エルという名前の人は実在かどうかまったくわかりません。プラトンの創作かもしれませんが、パンピュリア族の勇士だとされています。彼は戦争で死んだと思われていましたが、12日後に蘇生したのです。

この手の話は、どこの国にもあります。仮死状態だったのか、間違えて死んだと思われたのかはわかりませんが、死んだと思って葬ろうとしたら動き出した、生きていました、という話です。

それだけなら、ありがちな話だと思うのですが、エルは「その間に、実は死後の世界を見てきたのだ」ということを語ってくれる。それが、この物語になっています。

プラトンという作家が、なぜここに、こういう物語を置いたのか。その理由について、私たちはいくらでも推測することができます。もちろん創作の部分は大きいですし、元ネタがあったかもしれませんが、いずれにしても私たちはただ、ソクラテスによってこの物語が語られるのを聞くだけなのです。

死後の魂の千年の旅と、次の人生の選択

さて、死んだと思われたときに、エルの魂は体を離れてどこかへ行く。天と地との間には非常に巨大な空間として世界が広がっている。天には2つの穴が開いていて、出たり入ったりする穴がある。地にも2つの穴がある。それらが見渡せる大きなところに、エルの魂はいる。

死んでしまった者の魂は、そこにやってきては裁判官たちの判決を受ける。正しい生き方をしてきた者たちは「はい、君は天上に行きなさい」といわれて天に上がっていくほうのコースをたどっていく。不正な生き方をした者は、「罪を償いなさい」といわれて、地

のなかに入っていくコースをたどる。いわば死後の裁定が下される
わけで、閻魔大王のような話です。

　それから、天と地で千年という周期を経た者たちが、もう1度戻
ってくる。「いやぁ、自分はこういう経験をしたんだよ」と、同じ
ところに集まってくるわけです。「大変だったよね。ご苦労さん」
とお互いにいいあいながら、もう1度人間なり他の動物なりの生を
得て、この世に生まれてくるわけですが、エルはその話も聞いたと
いいます。

　魂には、千年間の旅路が賞罰として定められている。1度死ぬと
千年間いろいろな経験をして戻ってきて、それからもう1度生まれ
変わる。だいたい人生は100年ですから、1度生きるとその10倍をそ
の世界で過ごすという勘定になります。

　善いことをした魂は報酬を受け、悪いことをした魂は罰を受ける
わけですが、本当に不正をした人は戻ってこられないという話も書
かれています。

　第14講でお話しした僭主のように人を殺しまくったような魂が戻
ってこようとすると、下の世界からの出口が吠えかかる。すると火
のような形相をした男たちがやってきて、本当に悪い人間の皮を剝
ぎ、刺で肉を引き裂き、もう1度、タルタロスという地獄の底に叩
き込んでしまうという、ちょっと教訓的な話になります。

　さて、千年の旅で報酬を受けた人も、罰を受けた人も、無事に戻
ってきた魂たちは、牧場のような場所に集まって、7日間をそこで
過ごします。牧場というのはいかにもギリシア的ですが、みんなで
集って7日間のお清めをするのでしょう。そして、そこから新たな
旅路が始まるわけです。

　旅路を歩いていくと、天と地の全体を貫く光の柱が出現します。
その輝く柱を中心に、天空が回っている。「天空を縛る綱」と呼ば
れるものが天と地を結びつけていて、必然の女神「アナンケの女

神」がその綱を紡いでいます。

　これは「運命を紡ぐ」という言い方で、運命を回転させることが象徴的に語られるところです。

　ここには運命の女神が3人いる。ラケシスという過去の女神、クロトという現在の女神、アトロポスという未来の女神。この3人の女神が車を動かしながら、天体を回転させている。宇宙規模で現在と未来が回るなかで、人間や生き物の運命が織り合わされていく。そのような壮大な道具立てなのですが、それをエルが見ていて、説明を聞いているわけです。

　1人ひとりの魂は、ラケシスという過去の女神の膝から、くじ引きのくじと生涯の見本を受け取ります。くじは番号で、「君は5番」「君は18番」というようなものを引き、それにより「生涯の見本」を選ぶ順が決まります。このとき、ラケシスは次のように宣言します。

「汝ら自身が、自らのダイモーン（運命を導く神霊）を選ぶべきである」
「責<ruby>責<rt>せめ</rt></ruby>は選ぶ者にある。神にはいかなる責もない」

　これはどういうことかというと、魂が以前の経験を踏まえて、次の人生に対する選択肢を与えられるということです。

　選択肢として選ぶのですが、「見本」といっているように、すべての人生が決まっているわけではありません。たとえば、「田舎の羊飼いとして生まれる」とか「王の娘として生まれる」という感じだと思います。

　それまで、あの世の世界で千年間、報酬を受けた人も罪を償った人も、もう1回そこに集まって、くじを引き、そこで選んだ生き方によって次の人生が決まります。

■ エルの物語

Liberal Arts & Sciences

（1）魂が体を離れて、天と地との間の場に到着：二つの天の穴、二つの地の穴
　　　裁判官が判決を下し、正しい人は天の穴へ、不正な人には地の穴への道を命じる
（2）魂は、1000年の旅路（賞罰）：100年（一生）の10倍の罰・報酬を受ける
　　　不正の極みの人物は、永久に戻ることができない、出口が拒否する
（3）「1000年の旅路」の後、魂は牧場に集まり、7日を過ごすと新たな旅に出る。
（4）運命の女神：ラケシス（過去）、クロト（現在）、アトロポス（未来）
　　　→魂はラケシスの膝から、くじと生涯の見本を受け取る

「汝ら自身が、自らのダイモーンを選ぶべきである」
「責は選ぶ者にある。神にはいかなる責もない」
くじの番号順に生涯の見本から選ぶ（動物から人間まで：独裁者から普通の人まで）
この瞬間（善い生と悪い生を識別する）のために、学びがある

　ギリシア神話に出てくるさまざまな人たちの魂が、エルの物語には出てきます。たとえば、オルフェウスは女性に切り刻まれて死んだという伝説のある人なので、「もう女性は嫌だ」といって白鳥になった。アガメムノンは人に命令したいと思ったけれど鷲（ワシ）になっていった。テルシテスというひょうきん者は猿になった。そのように順番に、自分の見本を選んでいったという話です。

　そして、最後に出てくるのが有名なオデュッセウスです。彼は生きている間に散々苦労をして、冒険といえば聞こえはいいが、死ぬような思いを何度もして、その間に仲間もすべてなくしてしまった。そういう人生を送り、もうあんな生き方はつらいと思って、最後に残った見本を見ると、平凡な男が残っている。特に功績はないけれども、普通の一般人として、目立ったこともなく生きていくような人生があったので、「これはいい。私は最初に選ぶとしても、これを選んだに違いない」と喜んで選んだ、という話が描かれま

第16講：エルの物語…臨死体験から考える「どういう人生を選ぶか」　　171

す。
　これらは物語と教訓が混じっているような話です。

▍「どういう人生を選ぶのか」は、自分にかかっている

　このようにして人間の運命は確定され、最後は生まれる前に、忘
却の野や忘却の河を通って、いったん全部忘却させられる。つま
り、リセットされてしまい、新しい人生と運命に向かう。
　一方、こういう場面を見てきたエルは、「君は生きているのだか
ら、見た後は帰って報告しなさい」といわれて、記憶を消されるこ
となく、この世界に戻ってきた。それで、そのことを語っているの
だ、という設定になっています。
　この物語で重要なのは、選ぶときに「責任」の問題があることで
す。たとえば、前にひどい人生を送って、そのために千年間も罪を
償った人は、次の人生に非常に慎重になり、「もう悪いことはしな
い」というような人生を選ぶかもしれません。
　また、これはエルがいうのですが、前にほどほどにいい人生を送
って、天上で千年を送った人は、けっこう選び間違えます。自分が
特にすごいことをしたわけではないのに、たまたま運がよくて人に
それほど悪いことをせずに、まあまあの人生を送った人はあまり反
省しない。そうすると、その人は次の人生で僭主の人生などを選ん
でしまうこともある。
「だから気をつけなさい」という教訓の話です。つまり、全巻の最
後に置かれたエルの物語では結局、「あなたはどういう人生を選ぶ
のですか。それにはあなたが自分の生き方と、人間世界はどういう
ものなのかということを反省するしかないのですよ」ということが
語られるのです。
　これは「ギュゲスの指輪」の物語で問いかけられていることと同

じだといえるでしょう。「あなたは自分で選ぶことができるとしたら、どういう人生を選ぶのですか」という問いです。

　最後に、ソクラテスはこういいます。

「物語は救われたのであり、滅びはしなかった」

　これも謎めいた発言です。これだけ壮大な哲学の議論の最後を、ソクラテスは死後の世界の空想というほとんど言語を絶するような物語で締めくくったことになります。

読めば読むほどに考えさせる歴史上最大の哲学書

　こうして『ポリテイア』の全体を見てきたわけですが、実際に扱っているテーマはもっと多く、語り残したこともたくさんあります。「イデア論」についても十分に説明できていませんし、「ポリテイア（国のあり方、国制）」の話もまだあります。あるいは「高貴な嘘」など、興味深いディテールはたくさんあるので、ぜひそういうところをお読みいただきたいと思います。

　ただ、最初に紹介したように、これが歴史上最大の哲学書だといわれる所以は、この深さと広さ、何でも入っているというところにあるのだと思います。

　しかも、けっして「これを読めば賢くなる」とか「これを読めば幸福になる」というのではなく、むしろ読めば読むほど謎が深まります。はたして人間は本当に幸福になれるのだろうか、自分だったらどういう人生を選ぶのだろうかというように、あらためて考えさせる。そういう対話篇なのではないかと私は感じています。

　特に人間、魂、社会、善さ。そういうものについてどこまで根本的に考える必要があるのか、考えなくてはいけないのかということ

が、私たちは『ポリテイア』のなかのソクラテスによって問われているのだと思います。

「通読・精読・再読」と最初に述べました。これはとても長い対話篇で、一読するだけでも大変だと思いますが、実は何回も読まないとわかりません。私もまだ、あちこちわからないところがあるほどです。

ただ、そうはいっても、いきなり読み始めるのも大変ですし、ツボというのもありますので、今回のシリーズ講義を通じて、「『ポリテイア』を自分で読み解くためには、どのように読むべきか」についての1つの道しるべを示しました。

実際には、私の解説とは違うところに興味を持つ人、違う結論に至る人もいらっしゃると思いますが、それはむしろプラトンの望むところだと思います。

ぜひチャレンジングな気持ちを持って、この刺激に満ちた対話篇を、じっくり読んでいただければと思います。

[著者略歴]

納富信留（のうとみ・のぶる）

1965 年生まれ。東京大学文学部哲学科卒業。同大学院人文科学研究科哲学専攻修士課程修了。ケンブリッジ大学大学院古典学部博士課程修了（Ph.D. を取得）。九州大学文学部助教授、慶應義塾大学文学部教授をへて、現在、東京大学大学院人文社会系研究科教授。第 56 代文学部長。また、2023 年より日本哲学会会長。2007 ～ 2010 年、国際プラトン学会会長を務める。主な著書に『新版 プラトン 理想国の現在』（ちくま学芸文庫）、『ギリシア哲学史』（筑摩書房、和辻哲郎文化賞受賞）、『プラトン哲学への旅』（ＮＨＫ出版新書）、『プラトンとの哲学』（岩波新書）、『ソフィストとは誰か ?』（ちくま学芸文庫、サントリー学芸賞受賞）など。訳にプラトン『ソクラテスの弁明』『パイドン』（以上、光文社古典新訳文庫）などがある。

テンミニッツ TV 講義録② **プラトンが語る正義と国家**

2024 年 2 月 11 日　第 1 刷発行

著　者　納富信留

発行所　イマジニア株式会社
　　　　〒 163-0715　東京都新宿区西新宿 2-7-1 新宿第一生命ビルディング 15 階
　　　　電話　03（3343）8847
　　　　https://www.imagineer.co.jp/

発売所　株式会社ビジネス社
　　　　〒 162-0805　東京都新宿区矢来町 114 番地 神楽坂高橋ビル 5 階
　　　　電話　03（5227）1602　FAX　03（5227）1603
　　　　https://www.business-sha.co.jp/

〈装　　　幀〉大谷昌稔

〈本文組版〉有限会社メディアネット

〈印刷・製本〉株式会社ディグ

〈営業担当〉ビジネス社：山口健志

〈編集担当〉イマジニア：川上達史

ⓒ Noburu　Notomi　2024　Printed in Japan
乱丁、落丁本はお取りかえします。
ISBN 978-4-8284-2592-4

本書の「内容」に関するお問い合わせはイマジニアまでお願いします。
support@10mtv.jp

本書の「販売」に関するお問い合わせはビジネス社までお願いします。

テンミニッツTV　納富信留先生の講義

※2024年1月現在

プラトンの哲学を読む（全6話）

プラトン『ソクラテスの弁明』を読む（全6話）

西洋文明の起源から見るグローバル化（全6話）

哲学から考える日本の課題〜正しさとは何か（全11話）

「ホメロス叙事詩」を読むために（全9話）

ギリシア悲劇への誘い（全7話）

プラトン『ポリテイア（国家）』を読む（全16話）

哲学の役割と近代日本の挑戦（全6話）